さくらのとんねる

二十歳のえみる

青志社

さくらのとんねる

二十歳のえみる

目次

第2章　ふみねにえみるが入った

第3章　こころ、新しい命

第4章　えみるとふみね

第5章　よつばとトートと、認知症の父

第6章　ふみねがえみるの歳を超えた日

第7章　えみるの奇跡

終　章　希望の信号

装幀・本文デザイン／塚田男女雄（ツカダデザイン）
写真提供／風見しんご・尚子

序章
希望の灯

「幸せ」

ピューイッ！　ピューイッ！　と会場のあちこちから指笛が響く。

鳴り止まない拍手と手拍子。最後の演目「アラジンのフレンド・ライク・ミー」を踊りきった素敵なダンサーたちが、こぼれる笑みで客席に何度も何度も丁寧なお辞儀で応える。若いダンサーたちの夢の体現と、その瞬間に立ち会えた喜びのうずで、舞台と客席がひとつに溶けあった。僕も気がついたら、立ち上がって惜しみない拍手を送っていた。

ふと見ると、隣の妻の両親も立ち上がって手がちぎれんばかりに拍手を送っている。目に熱いものをたたえ、やさしくうなずきながら。

舞台の上手の後ろの列から、二十歳過ぎのダンサーたちに混じって、十二歳になったばかりの愛娘、次女のふみねが僕たちに向かって一生懸命大きく大きく手を振っている。久しぶりに見る我が子の満面の笑みに、僕は込み上げてくる気持ちを抑えようとはしなかった。心の奥から自然と湧き出してきた幸せすぎる涙だった。もったいなくて拭くこともしなかった。何の迷いもなく一〇〇パーセントの幸せを感じた瞬間だった。

長女えみるが不慮の交通事故で十一歳を迎える前にこの世を去ったすぐ後、舞台に立った僕を客席から一生懸命に励ましてくれた三歳の次女ふみねが今十二歳になり、今度は舞台の上から僕に幸せを届けてくれる。

何の戸惑いも、わだかまりもなく家族みんながふみねの成長を喜び、その幸せに浸った。舞台の上の次女の姿に、踊りが大好きだった長女の姿が重なって映る。この「一〇〇パーセントの幸せ」という感覚はいつの日以来だろう。

ずいぶんと長い間、感じることができなかった、温かな懐かしい感覚だ。

「行ってきまーす」の一言を残し、長女えみるが突然この世を去ってから、九年の時が過ぎていた。

十二歳のふみねへ

「ねぇね」と呼んでいたきみのお姉さん、えみるが、十年十一か月という短い命で人生を閉じてから、十回目の桜の季節がやって来ました。えみるが生きていればもう二十歳。いつだったか冗談半分で、最後の晩餐《ばんさん》になるなら何を食べたいか、という話で盛り上がったことがあります。そのときえみるは、「ハハの手作りツナサンドと、ばぁばの特製パスタが食べたい」と答えました。

事故に遭《あ》ったあの日の朝食。えみるは、そのときハハの手作りツナサンドを頬ばって家を出ました。最後に食べたいと選んだツナサンドが本当にえみるの最後の食事になってしまったことに、今もチチはなにか感慨深い不思議なものを感じています。

あの日は、事故の衝撃とチチの仕事の関係もあって、まだ三歳という幼いきみの周りを必要以上にざわつかせてしまいましたね。そのうえ、あの日はまったくきみに気をかけてやれなくて、本当にごめんなさい。

僕のことをチチ、妻の尚子《なおこ》をハハと呼んでいたえみるに従って、きみも自然と僕たちのことをチチ、ハハと呼ぶようになり、それは十二歳になった今でも変わっていませんね。そのえみるがこの世界に生きていたという確かな証を残しておきたい……そして、もう二度とこんな悲しいことが起こらないで欲しいという願いを込めて、僕は一冊の本を書きました。

事故から一年後のことです。

大切な思い出を振り返るために、えみるときみが生まれたときの写真や、ホームビデオを何度も見ました。

そこには元気いっぱいのえみるがいます。傍にふみね、きみがはにかんで、ねぇねの後ろに隠れるようにして映っています。そのうち画面から仲良しの二人がぴょんっと飛び出してきそうな勢いです。

幸せな記憶と、もう、きみのお姉さんのえみるはいないんだという現実が交互に繰り返されて、涙がたくさん溢《あふ》れてきました。

よくお風呂でシャワーを浴びながらわんわん泣きました。覚悟はしていたけれど、思い出を振り返りながら書くという作業は、想像以上にしんどいことでした。けれど、そのひとつひとつと向き合うことで、チチとハハは、一生知らずにいたかもしれない命と愛情に関わるたくさんのことに気づくことができました。

だから、僕らが経験したことをきみに伝えていきたいと思います。辛いときどんなふうにしてきたか、楽しいことはあったのか、支えてくれたのは誰だったのか。きみがしてくれたことを僕らがどんなふうに感じていたのかも、知って欲しいと思います。

過去に起こったことばかり見ていたり、目をつぶったり、うつむいてばかりいては、大切な今が見えなくなってしまいます。悲しみに耳を塞《ふさ》いでいては、大切なメッセージが聞こえてこなくなります。

僕らはそれがどんなことか、身をもって経験しました。

本当に辛くてしんどいとき、頑張って顔をあげ、前を向くには、ほんの「かすか」でも構わないから希望が必要です。

しばしば希望は光にたとえられます。深い悲しみの淵からどうにか少しでも這い上がり、かすかでも希望を持つことで光がみえるようになる……。

そしてその希望が、さらなる希望へとつながり、強い光となって僕たちの足元を明るく照らしてくれる。その希望の光となる火種が消えてしまわないように、みんなで肩を寄せ合い、みんなの手のひらで包み込むようにして希望の灯《ひ》を燃やし続ける……。

それが希望を持つということだと、チチは思うのです。

僕らにとって、最初の火種となってくれたのが、ふみね、きみでした。

きみがいてくれるから、チチもハハも天国にいるえみるからのメッセージに気づくことができました。栃木、広島のじぃじとばぁば、兄弟、いとこたち、周りの先輩や仲間、友人、知人……たくさんの励ましの中にある優しさを素直に受け取ることができました。

きみがいてくれる奇跡にチチとハハは救われました。

ふみね、本当にありがとう。

チチはそのおかげで「不運」と「不幸」は違うものだということに気づくことができまし

た。僕らに起こったことは、本当に「不運」なことでした。

どんなに正しく生きていようと真面目に暮らしていようと、不運な出来事に見舞われることがあります。それは、いくら避けようとしても、どうすることもできないから「不運」と呼ぶのです。

でも、「不幸」は違うと思います。不幸は自分自身が作り出してしまうものだから。自分たちは不幸だな、憐れだなと思ったときから不幸は始まります。だから、チチは絶対に幸せを、またそれがどんなに小さな幸せであったとしても手放さない。「不幸」に身をゆだねることは絶対にしないと決めました。

えみるを失ったことは、確かにこれ以上ない大きな「不運」でしたが、ハハと二人で、「ふみねを絶対に不幸にさせない」と天国のえみるに誓いました。

けれど、えみるが亡くなる前から、そしてその後も、今この瞬間にも、世界では大勢の子どもたちが交通事故の犠牲になり、大事な命を奪われています。また、今この瞬間にも、世界のどこかで犯罪や戦争で理不尽に命が奪われ続けています。

将来、きみがおかあさんになったとき、きみと子どもが生きていく世界は一体どんなふうになっているんだろう。

不安だからこそ、チチとハハは心から願っています。

いつの日か、この世界から「不運な出来事」が無くなることを。
そして「不運」によって「不幸」になる人がいなくなることを。
きみたちには絶対に、絶対に「不運」なんて経験してもらいたくないから。
笑顔で満ちる人生を歩んで欲しいから。

第1章 えみるがいた日々

命日に寄せて

二十歳《はたち》を迎えたかもしれないえみる宛に、去年の秋から振り袖のダイレクトメールが多く届いた。

〝えみる様へ〟と宛名があり、否応なしにえみるが成人式を迎える歳になったことを、僕たち家族は実感する。

振り袖のダイレクトメールが届くたびに、妻は少し不思議な表情を見せて僕に言う。

「買わないの、わかっていないのかな。切手や葉書き代がすごくもったいないよね」

そう言いながら振袖姿のモデルさんを見る妻の目は、いつもどこか遠くを見つめているようにも見える。

ダイレクトメールには、二十歳くらいのお嬢さんの振り袖を着た写真がたくさん載《の》っているが、その中にえみるの二十歳の姿を探すことなど到底できはしない。

僕も妻も、妹のふみねも、えみるは十歳を超え、十一歳になる前の姿で止まっていて、その歳で振り袖を着てとなると、妙におかしい。どうしても、二十歳のえみるの姿を想像することができないのだ。だから申し訳ないが、振り袖は買わない。サイズもわからないし、当然だけどダイレクトメールの中に十歳用の振り袖の紹介など載っていない。

今、想像できるのは、十歳までのえみるの姿だけだ。

僕には一つ考えていたことがあった。えみるが生まれたとき、僕は同じ年に作られたワインを買った。えみるが二十歳になったら、えみると一緒にそのワインを開《あ》けて、乾杯しようと思っていたのだ。

えみるが生まれた年のワイン。決して高いワインではないけど、何本か買って大切に仕舞ってある。

どんな味だろうか、今えみると飲むとしたら、あいつはなんて言うだろうか。

「チチ、もう一杯!!」最初から、呑んべえの道をまっしぐらだったかもしれない。

えみるの二十歳の誕生日に、初めてえみるの仏壇に酒を置いてやろう。

「二十歳になったらお酒、一緒に付き合ってもいいよ」

近所の赤提灯で一杯やるのが好きだった僕に、まだ十歳のえみるは「二十歳になってお酒が飲めるようになったら一緒に付き合ってあげる」と言ってくれた。

ひょっとしたら高校生ぐらいになったとき、「もう嫌よ、オヤジ近付かないで！」と言われていたかもしれない。でもあの頃は十歳だったので、世界中の男の中で僕のことが一番大好きだと言ってくれた。

「わたし、酒飲みになるね」

えみるの好物は妙にオヤジっぽいものが多く、僕についてきたときも、注文するものは塩辛だとか漬物だとかしらすおろしなど、そんな物ばかりで、

「えみる、お前、それ全部、酒飲みが注文するものばっかりだぞ」

と苦笑いをしたことが何度もあった。

えみるの好きだった焼肉屋で最初に頼むのは「すいません、レバ刺し」と言い、「わたしもチチと一緒でお酒飲みになるな」と嬉しそうに話していた。

またこんなことも言っていた。

「わたしが飲めるようになったら、わたしが友だちと行ったときは、全部チチにツケで帰るから、後で払っておいてね」

どこで悪知恵を仕込まれたのか、そういう冗談をよく言っていた。

我が家の近くでお店をやっているご夫婦も、

「えみるちゃんは絶対飲むようになるねぇ、大きくなったら楽しみだね。うちの常連客になるね」

と笑ってよく言っていたが、えみるに事故がなかったなら本当にそうなっていたかもしれない。

そんな情景を今、想像すると、すごくおかしい絵面になる。僕の隣であの十歳のえみるが一緒に酒を飲んでいる、そんな姿しか浮かばない。「おいおい、えみるそれはヤバイよ」と思わず僕は顔を横に振った。


今年一月十七日はえみるの九回目の命日だ。

この日、朝、僕とハハ尚子、ふみね、そしてハハの両親は、えみるが事故に遭った午前八時前に、家からすぐ傍の事故現場を訪ねた。

休日とあって、日曜日のこの時間は人通りが少なく交通量も少ない。

成人式から六日経《た》った命日、今年のお参りは家族全員が特別なことのように感じられた。例年はふみねは学校のため、思い切り涙を流せなかったが、今年はこの日が日曜日で家にいられるために、姉を偲《しの》んでいっぱい涙を流した。

九年経った今でも、現場に立つとあの日のことが鮮明に蘇る。時は流れていない。みんなそれぞれの思いでえみるのことを祈った。

ご近所の方や、同じようにお嬢さんを交通事故で亡くされたお父様もいらしてくださり、事故が起きた八時八分、一緒に手を合わせた。

同級生たちが手向《たむ》けてくれたたくさんの花束の香りが現場をやさしく包んでいた。その中に、「えみるちゃん成人式おめでとう」と書かれたポストカードを見つけた。ハハもふみねも僕も、とても嬉しくなって感謝した。

その日の午後、えみるの同級生が何人も仏前にお参りに来てくれた。

成人式も終え、みんなすっかり大人になっていた。小学生のときのえみると一緒に写った写真と見比べながら、すっかり成長したその姿をハハと楽しんだ。みんなあの頃の面影が残っていたが、その中でやっぱりえみるだけは十歳のままだった。

僕はえみると心の中で会話をするが、姿は十歳なのに、今のえみるはすごく正論を言ってくる。

心の中のえみるは、僕にとって「すごくできた奴」に成長している。

喋り口調、言葉も十歳のえみるの声なのに言っている内容は「後ろ向きにならないでね。そこに幸せは見つからないよ」とか、大人びている。

しっかりした、すごく大人な考えを子ども言葉で言ってくる。そんなえみるとの会話が僕の心の中に満ちてゆく。

えみる二十歳の誕生日

えみるが二十歳を迎える日がやってきた。

いつもと変わらず家族みんなで仏壇に向かった。置かれた遺影は当然今日も十歳のままだったが、みんなで「えみる、成人おめでとう!」と元気に声をかけた。

十歳のえみるに

「今日からお前も立派な大人だな」

と言う自分が妙におかしく思えて少し吹き出してしまったが、不思議と悲しみは湧いてこなかった。涙の代わりに、ハハもふみねもほほ笑んでいた。「人生に一度っきりの今日の日はHAPPYでいろ!」と、きっとえみるが僕たちに魔法の粉を振りかけたのだろう。

えみるが大好きだった歌の詰まったMDを引っ張りだしてきて大きな音でかけた。D-51の「Dreamin'on」が流れてきた。えみるがカラオケでいつもハハとデュエットしていた曲だ。

「つまづくこともある　落ち込むこともある　それでもいつか　たどり着きたい　最後に笑える

やっぱりそうだ、えみるだ。「今日はHAPPYでいろ！」と二十歳になったえみるが僕たちに歌っている。SEAMOの「マタアイマショウ」、ORANGE RANGEの「＊アスタリスク」、ケツメイシの「さくら」……、あのときのヒット曲が十年の時を超え、僕たちにまた勇気をくれた。

ハハとふみねはそんな思い出の歌を聞きながら笑顔で台所へ向かった。そして二十歳のえみるへ元気をもらったお返しに二人で腕をふるった。あの日の朝、えみるが人生最後に頬ばっていた手作りのツナサンドを大皿いっぱいに盛りつけした。

夜になると、友人や後輩の役者さんや芸人君やらが賑やかに集まってくれた。そして、みんなでえみるが生まれたのと同じ年（一九九六年）のワインで乾杯した。乾杯の音頭は、あの日玄関の前で一番最後にえみるを見送ったハハのお父さんがとってくれた。

二十年物のワインは少し酸味がきつくなっていたが、僕にとっては、それがえみるとの時間を感じさせてくれて丁度よかった。

幼稚園の頃からえみるのお友だちだった同級生の真悠ちゃんがお母さんと一緒にお祝いに来てくれた。本当に素敵な二十歳のお嬢さんに成長されていて、感激して言葉が出なかった。

二十歳のお嬢さんが十歳のままの同級生に両手を合わせてくれる後ろ姿が、やはり僕には不思議でならなかった。〈もし今えみるが何事も無かったように「ただいまー」と帰ってきたら、二十歳の真悠ちゃんと一体どんな話をするのだろう?〉ありえもしない想像をすると、何だかコントのような絵が浮かんできて少し笑ってしまった。

例のワインのいわれを話すと、真悠ちゃんのお母さんが「真悠、少しいただけば」とおっしゃったので僕は二十歳になった真悠ちゃんのグラスにワインを注いであげ、「成人おめでとう」と改めてみんなで乾杯をした。〈えみるがいたらこんな感じなのかな?〉

なんだか嬉しくなって、えみるの遺影に目をやった。遺影の前には仲間たちが手向けてくれたお酒が何杯も置かれていた。写真の中の十歳のえみるがちょっとだけ二十歳に見えた。

その後、真悠ちゃんとふみねが二人で、えみるの大好きだった大塚愛さんの「さくらんぼ」を歌ってくれた。二十歳と十二歳、えみるが生きていればきっとこんな日々がたくさん訪れていたのだろう。

「姉妹喧嘩もしただろうけどね……」真悠ちゃんとふみね二人の歌声の中から、二十歳のえみるの声が聞こえてきたような気がして涙が溢れた。

「えみる、天国の成人式はどうでしたか? お酒はどんな味でしたか? 予定どおり呑んべえさんになりそうですか? いつの日か一緒に一杯やろうな! でもゴメン! 一足先に、今晩チチは大酔っぱらいです」

十歳の真悠ちゃんとえみる、川場村にて。「永遠に思い出は飛ばされない」

えみるは向こうで元気だろうか。

笑顔が満ちる子

えみるは一九九六年の二月十九日に世田谷にある関東中央病院で生まれた。予定日が十日も遅れたために「大丈夫だろうか」「どうなってるんだろうか」と不安と焦りで、ソワソワしながらその時を待った。

出産には立ち会わなかったが、陣痛が始まってからは、ずっと妻の手を握り締めて励ました。妻が分娩室に入った後、気持ちを落ち着かせようと一階にある喫煙所でマネージャーと一服していたら、看護士さんがやってきて「今、赤ちゃんが産まれました」と告げてくれた。

産湯《うぶゆ》につかっている我が子と初対面した僕は、感動のあまり声が出なかった。

「元気な女の子です」

取り上げてくださった先生が声をかけてくれた。ちょっと力を入れたら壊れそうで触れられない。

「どうしよう」と思っていたら看護士さんに「お父さん、抱っこしてあげてください」と促された。思わず「いいえ、けっこうです」と言ってしまった。

すると笑いながら「大丈夫ですよ」と抱き方を教えてくれ、恐る恐る、生まれたばかりの我が娘を抱いた。そして、妻が待つ病室へ連れて行った。

出産を終えた妻は神々しく、我が子を受け取り抱いて、涙を浮かべた。僕も「ありがとう」「よく頑張ったね」と労《ねぎら》うと、後は胸が詰まって言葉が続かず、涙がこぼれた。

女の子だったら「えみる」と、お腹にいるときに決めていた。妻と二人で「笑顔が満ちる子」になって欲しいと「えみる」に決めた。

元気な子で泣き声がとても大きく、逞《たくま》しく育つかもしれない未来を想像した。

えみるに「チチ」「ハハ」と呼ばせたのは日本に生まれたのだから「パパ、ママ」よりいいだろうと考えたことと、万が一、外ではぐれたときに「チチ、ハハ」の呼び名のほうが見つけやすいだろうということで、二人の間ですんなり決まった。

しかし、やがてこの呼び方で困ったことが起きた。

えみるの中で「父と母」と「パパとママ」は違う人だと思うようになった。「チチ」と「ハハ」は僕と妻で「パパ」と「ママ」は僕たちと同じ世代の大人の呼び方だと勘違いし、宅配便や近所のオジサンに「パパ」と呼びかけてずいぶん驚かせたこともあった。二歳くらいになり物心がついた頃、何度も説明していくうちに、やっと意味がわかり、他人のことを「パパ、ママ」とは呼ばなくなった。ただ、僕の妹のことを「ママ」、妹のだんなのことを「パパ」と、えみるは最後までそう呼んだ。

その「パパ」(僕にとって義理の弟)は、大腸がんのため、三十九歳の若さでこの世を去った。えみるも「パパ」の最期を号泣しながら看取った。

それはクリスマスイヴの前日のことで、えみるのあれだけ悲しむ姿は、それまで見たことがなかった。そのたった三週間後、えみるもこの世を去った。

天国でのえみるのことを「チチ」は「パパ」にたくした。

天カス

我が家の冷蔵庫の中に九年前から鎮座しているものがある。

「天カス」だ。

長女、えみるが二〇〇七年(平成十九年)一月十七日、交通事故で命を落としたその前日にスーパーで購入したものだ。

あの頃、中学受験のために塾に通うえみるを迎えに行くのが僕の日課だった。その晩、僕は友人たちとの会食の後に塾に向かった。少しお酒が入っていたので、クルマを置いて歩いて迎えに行った。授業が終わるのは夜の九時半頃。煌々《こうこう》と明かりの灯《とも》る塾から出てきたえみるを見つけて手を振った。

「今日はタクシーで帰ろう」と言う僕に、えみるはスーパーに寄って買い物をしていきたいと言った。何か特別に欲しいものがあるわけでもないらしい。ゆっくりとうなずいた僕の手を取ると、えみるはさっさと歩き出した。

満面の笑みで好物のお菓子を次々とカゴに入れていきながら、このお菓子を初めて食べたのはいつで、どんなシチュエーションで、どうおいしくてと、手に取るたびに説明してくれた。

丸ごとみかんが入ったゼリー、赤ちゃん用のヨーグルト、サイダー味のグミ……。大根漬けの「ごんじり」、野菜チップス、「あじひらいちゃった」。

後半は酒のつまみになりそうなものが増えていった。

〈やっぱり、こいつは将来、酒飲みになるな……〉

えみるは塩辛が大好きで、僕がお酒を飲んでいるときなど、目の前のつまみに横からひょいっと手が伸びてきた。

えみるが選んだお菓子を眺めているうちに、早く家に帰ってビールでも飲みたい気分になってきた。

酒類のコーナーを見たいと言った僕に、えみるは別の売り場を見てくると答え、僕たちはしばしその場で別れた。

結局、そのスーパーにはお目当ての酒類が置かれていなかったので、手持ち無沙汰になった僕は店内をキョロキョロ見回しながらえみるが戻ってくるのを待っていた。

やがて五分たち、一〇分がたち、それでもえみるは戻ってこなかった。

〈あれ、おかしいな……〉

そう思い始めたら、一秒がものすごく長く感じられた。得体の知れない不安と焦りが水の中に垂らしたインクのようにじんわりと広がっていく。

〈なにかあったんじゃあ……〉

そんな考えが浮かんだそのとき、こちらに向かってずんずん歩いてくるえみるの姿が目に飛び込んできた。

「チチ、ごめん、ごめん」

はにかんだような表情で僕を見ると、ふいに前歯を〝ニッ〟と剝《む》きだして思い切り笑った。

「うんち、うんち」

「なんだよー!」

一気に全身から力が抜けて笑いが出た。

戻ってきたえみるの手にお菓子ではない袋が握られていた。

「それは何?」

「天カス」

「どうして？　うどんでも食べたいのか」

「ちょっと、ハハにプレゼント」

「プレゼントが天カス？」

「うん」

「チチ、お酒は見つかったの？」

「このお店には置いてなかった」

「そっか、じゃあ、もう飲むなってことだよ」

ちょっとがっかりしている僕にキッパリとそう言ってえみるはまた、にっと笑ってみせた。えみるにはそういう、ある種シャレで、大人びたことを言うようなところがあった。それがとても可愛く、愛おしかった。

お菓子と天カスを買ってスーパーを出ると、僕たちはバスに乗って家路についた。

久々にバスに乗る僕に、えみるは乗り方や今の運賃などを説明してくれた。

どうしてタクシーではなく、バスに乗りたかったのかと聞いた僕に、えみるは「チチと一緒にバスに乗ったことないから」と答えた。

確かにえみると二人で路線バスに乗るのは初めてだった。

えみるの指定席だという左側最後部の窓側に陣取り、車窓を流れる街の景色を眺めながら、学校のことや好きなドラマのことなど、他愛もない話をしながら、こんな時間を持つのも悪くないと思った。えみるの指定席が左側最後部窓側なのには理由があることも知った。バス停で別れた友だちに向かって一番長い間手を振っていられるからだった。

バスはあっという間に、最寄りのバス停に着いた。

手をつないで僕たちは横断歩道を渡った。次の日の朝、この横断歩道でとんでもないことが起こってしまうなんて、このときは知る由《よし》もなかった。角をひとつ曲がる家の前でこちらに向かって手をいっぱい振る妻の姿が見えた。えみるも大きく手を振って応えた。どこにでもあるごくごく当たり前の家族のひとコマ、それだけで充分に満ち足りた幸せだった。

家に着くなり、えみるが例の天カスを妻に渡した。

「なにこれ?」

「ハハに天カス買ってきたよ」

「え?　天カス。ああ、ありがとう。でも天カス好きなのえみるでしょ」

突然手渡された天カスに、妻はえみるの思惑を感じとったのか、クスクス笑っていた。えみるも満足げにうなずくと、僕に「先に入っているから、早く来てね」と言い残してお風呂場に向かった。

急ぎの台本チェックを済ませて、いそいそとお風呂場に行くと、ちょうど着替えを済ませたえみるが脱衣場から出てくるところだった。

仕方なく、ひとりでお風呂に入り身体を洗っていると、ふと背後でドアが開いて人の気配を感じた。振り返ると素っ裸のえみるがいた。

僕の背中を流してくれるという。えみるは僕の手からウォッシュタオルを受け取ると、僕の背中をゴシゴシとこすり始めた。

どうして戻ってきてくれたのかと聞いた僕に、彼女は「うーん」としばらく考えてから答えた。

「なんとなく？」

だいたい察しはついていた。その一週間ほど前にゲストで出演したバラエティ番組の中で、僕が今でも娘とお風呂に入って、シンクロの真似などして遊んでいると話したとき、司会の女子アナウンサーが「お父さんと一緒にお風呂というのも十歳くらいが限界でしょう」と返したのだ。

おそらくえみるはそのオンエアを見たのだ。だから、「チチ、心配しなくてもこれからもまだお風呂一緒に入るからね」というえみるなりの意思表示だったのだと思う。

今、思い返してみれば、その日は僕が歩いて塾まで迎えに行ったことをはじめとして、スーパーで二人っきりでの買い物、初めてバスで帰ったこと、お風呂でのこと、二人で手をつないで渡った横断歩道……特別な日でもなければ、特別なことでもないけれど、何だか初めてづくしがたくさん詰まった至福に満ちた夜だった。
そして次の日の朝――。

いつもと変わらない一日の始まりだった

それはいつもと変わらない一日の始まりになるはずだった。

僕はそのときまだ布団の中にいて、大好物のツナサンドを頬ばりながら話すえみるの声を聞いていた。

「ねぇ、ハハ。昨日、チチ、寝るとき来たよ。あたしにチュッチュッてして『愛してるよ』とか、『絶対、俺が守ってやるからな』とか言ってた」

「あら、起きてたの？」

「ううん。なんだかそれだけはわかったの。じゃあ、行ってくるね」

「気をつけてね」

「行ってきます！　うわぁ、ハハ！　寒い！」

「おじいちゃん、わたし手が放せないからちょっとお願い！」

おじいちゃんにお気に入りの白いジャンパーを着せてもらって、再び元気に「行ってきます」と家を出た。玄関の前で最後までえみるを見送っていたのは妻のお父さんだった。一〇〇メートルほど行った先で道を右に曲がるとき、えみるはもう一度振り返っておじいちゃんに向かって大きく手を振ったそうだ。そしてその角を曲がって一分もしないうちに事故は起こった。

〈すべて偶然だったのだろうか〉

どうしてあのとき、僕と一緒にバスに乗りたいなんて言ったのか。

どうして、天カスをプレゼントしようと思ったのか。

どうして、お風呂に入りなおしてくれたのか……。

どうして、あの朝ツナサンドをリクエストしたのだろう。

単なる偶然なのかもしれないが、もしかしたら神様が、別れの時が近づきつつあることに気を遣って、えみるに色々なことをさせてくれたのかもしれない。

あのときの天カスは今でもこれ見よがしに冷蔵庫の中にいる。残しておきたいと強く思ったわけではないのだけれど、とはいっても捨てる気にもなれず、気がつけばずっと九年間そこにあるという感じだ。

冷蔵庫を開けるたび、えみるを思って胸がキューっとなったこともあったが、七年目を過ぎたあたりから、胸の中にあるものが悲しいだけの感情でないことに気づいた。

「すげぇな。天カス……」

僕はそれを手に取ってしげしげと眺める。その姿は、九年経ってもカビが生えたり、縮んだりすることなく、買ってきたときのままだ。僕は思わず吹き出してしまった。

「えみるー。お前なんで……置き土産が天カスなんだよ!?」

えみるとの最後の買い物の一コマにも笑ってしまう。いなくなってようやく戻ってきたとき、心配してハラハラしていた僕にいきなり「ああ、チチごめん、うんち、うんち」こんな思い出は、恥ずかしくて人に言えないよな、と思っていたが、今となってみたらすごく大事なえみるの笑顔のひとつになっている。

あの事故の後、ぽっかり開いた穴をどうやって埋めたらいいのか、突然溢れ出す涙をどうしたらいいのか、感情をコントロールする方法なんてまったくわからなくなっていた。人前では笑っていたけれど「頑張って笑っている」というのが本当のところだった。正直、早くえみるに会えないかなんて考えたりもしていた。どんなに表面を取り繕っても、この闇から自分は一生抜け出すことはできないんじゃないかと思っていた。

まさか、九年経って「天カス」と「うんち」が僕に笑顔をくれるとは思ってもみなかった。

えみる、「天カス」に「うんち」、最高のコンビじゃないか!!

えみるの事故のこと

二〇〇七年一月十七日午前八時八分。えみるは通学途中に大型トラックに撥《は》ねられその下敷きとなった。家を出てわずか三分に満たない時間。距離にしたら、一〇〇メートルちょっとの場所だ。そんなに近くで命を奪われることがあるなど誰が想像しただろう。

「事故!!　えみる!!　事故!!」

まだ布団の中にいた僕は、事故の第一報を聞いた妻の叫び声で飛び起きた。

上着だけ羽織ってすぐに家を出た。

気をしっかり持つようにと、合流した近所の人にそう言われた。だが、ぴんとこなかった。えみるが死ぬなんていうことは、そのときの僕の発想にはまったくなかった。僕が想像したのは、腕か足を怪我したえみるが、大声で泣きながら道端にへたりこんでいる姿だった。

現場の横断歩道には、大きな三トントラックが立ち往生するように止まっていた。昨日の夜、二人で手をつないで渡ったあの横断歩道だ。エンジンがかかったままの車体は、ぶるぶると震えている。まるで巨大な生き物のようだった。

「エンジン早く切れよ」「救急車、まだ呼んでないのか!!」たくさんの人の尋常でない声があちこちから響いてくる。

しかし、聞こえるはずのえみるの泣き声はなく、その姿もなかった。

記憶がいくつか途切れている。僕は必死になってトラックの下をのぞき込んだ。両足が、女の子の両足が、普通では考えられない向きにへしゃげた足が、見えた。白地にブルーのストライプが入ったスニーカーを履いていた。それは僕がえみるに買ってやったスニーカーと一緒だった。気がつくと二十人近い人たちがそこに集まって来てくれて、みんなで協力して女の子をどうにか、トラックの下から助け出した。

女の子はえみるだった。えみるは、頭も頬も胸も腰も足もみんな壊されていた。頭蓋骨を強く骨折していたので、内出血がとてもひどく、顔は腫れあがっていた。とんでもないことが起こったと、すぐに分かった。

ガタン、ガタンとけたたましい音を立てながら、えみるを乗せたストレッチャーと共に僕たち夫婦は転がるように救急車へ乗り込んだ。えみるは薄っすらと目を開けていたが、その瞳は血で真っ赤だった。

十一歳になる誕生日の一か月前のこの日、通学途中、青信号の横断歩道を渡っているとき、通行禁止のはずのスクールゾーンから飛び出して来たトラックに轢《ひ》かれて下敷きとなった。

誰が見ても瀕死の重傷だった。けれどえみるはまだ、生きていた。救急車の中でも、運び込まれたICUの中でも潰れた小さな体でそれでも懸命に生きようとしていた。最後の最期まで僕たち夫婦の子どもであり続けようと頑張ってくれた。

えみるは僕たちにとってかけがえのない大事な娘だ。

僕たち夫婦は集中治療室のステンレスの扉の前で、そこに隣接する部屋で、ただただ祈った。祈ることしかできなかった。

「えみる、頑張れ、えみる、頑張れ」とかけた妻の声に応えるように、もう一度だけ弱々しく心臓を動かしたが、奇跡は起きなかった。

行ってきますと元気に家を出てからわずか数時間。トラックに轢かれたのが午前八時八分、それから一時間半の間、頑張って頑張って、小さな体で頑張ってくれたけれど、午前九時三十三分、えみるはたった一人で天国に旅立って行った。

えみるは死にたくなんてなかったんだ。ずーっと、ずーっと一緒にいたかった。

えみるが寝かされた窓のない小さな倉庫のような霊安室。

僕は我を忘れて、その冷たい壁や床をドンドンと叩き泣きわめいた。悲しみよりも、これまで感じたことのない怒りが次から次へと湧き上がり、大きな声で叫ばないと僕の体の内側で爆発してしまいそうだった。

「うわーー!!　何でだ!!　うわーー!!」

そしてふと、電池が切れたように冷静になって、「これは夢だ」とえみるの名前を呼ぶ。

けれど、返事は帰ってこない……。

このまま、「僕」もなくなればいいと思った。自分を忘れて理性も何もかも捨てて、ただ悲しみと怒りに身を任せることができればどんなに楽だろうか。けれども、そんなときであっても正気を失うことは許されない。えみるをきちんと送り出してやらねばならない。妻はずっと、えみるの手を握り締めていた。しだいに固くなってゆく娘の手をただ、ただ、ギュッと握り締めていた。

事故による死亡の場合、警察による検死が行われるため、えみるが息を引き取ってから霊安室を出られるまで八時間ほどの時間を要した。あの時の時間の長さ、苦しさはもう二度と経験したくはないし、この世の誰にも、経験して欲しくもない。この世における、地獄だと感じた。

葬儀社の人に促されて、霊安室からクルマまで運ぶために抱き上げたえみるは、すでにそれまで僕が知っていたえみるではなくなっていた。

眠っているように見えるのに、その体は冷え切っていて、つま先から頭のてっぺんまでカチカチに固まっていた。

生まれたばかりの我が子を初めてこの手に抱いた日のことが脳裏に蘇った。壊れてしまいそうで抱くのを躊躇《ためら》ったあの日。

小さくてふにゃふにゃで、温かくて、この世でたった一つの宝物。尊い生命が僕の腕の中にあった。嬉しいのに涙がこぼれて、止まらなかった。あの日から、わずか十年しか経っていないのに。

今、そのあまりの隔たりがとても信じられなかった。

誰でもいい、「大丈夫だ、これは嘘だ」と言って欲しかった。

でも神様、短すぎるよ

棺の中のえみるは、きれいなドレスを身にまとい、お嫁入りのときの化粧を施されていた。事故に遭ったときのままでみんなとお別れするのはあまりにも酷《むご》いと思い、葬儀社の方に「死化粧はやめてください。どうか嫁入りの化粧をしてやってください」とお願いしたのだ。

眠っているようなえみるを見て、これは夢なのだと思っていた。思おうとしていた。つい前夜、スーパーで姿が見えなくなったときも、ちゃんと戻ってきたじゃないか。

「チチ、ごめん、ごめん」

〈そう言って戻ってくるんだよな……〉

目を閉じて物言わぬえみるの遺体を目の前にしても、今にもえみるが玄関のドアを開けて、「ただいま！」と現れるのではないかと本気で期待していた。

お通夜でも告別式でも、えみるとの思い出を話すと、それが楽しいことであればあるほど、

「なぁ、えみるあんなことあったよな、覚えてるか?」と、生きているえみるに普通に話しかけている気持ちになって、思わず自分で笑ってしまった。

でも一方で、もう二度と戻らないこともわかっていて……。頭がおかしくなってしまいそうだった。

どうして身代わりになってやれないんだろう。昨日の夜、おやすみのとき、「絶対に俺が守ってやる」と約束したのに。

神様、なぜ僕じゃダメなんですか。二人で手をつないで渡った横断歩道を、翌朝渡りきることができなかったなんてそんなことあっていいはずがないじゃないですか。

なぜだ、なぜだ、なぜだ……。ひどく混乱した頭で今からでもえみるが戻ってくる方法はないのだろうかと真剣に考えていた。

事故から三日後の一月二十日、えみるの葬儀告別式は用賀の斎場で行われた。報道で知ったのだが六〇〇人近い方がいらしてくださった。

釋慈笑《しゃくじしょう》。

これがえみるの戒名だ。

自分の子どもに二度も名前をつけるなんて……。

「えみる」という名前は、妻のお腹の中にいたときから決めていた。まず、柔らかなイメージがするひらがながいいと思った。

それから神様に「一つだけ願いを込めていいよ」と言われたら、何にしようかと妻と二人で考えた。僕ら夫婦はその子に、いつもニコニコしている、笑顔の子になって欲しいと思い、「笑顔が満ちる」それを縮めて、「えみる」と名付けた。

あの日の朝まで「えみる」はその名のとおりに育ってくれた……。


別れの時は無情にもやってくる。真っ白な棺の中でたくさんのお友だちから手向けてもらったきれいな花に包まれたえみる。棺のフタが閉められると、いよいよ最後のお別れの時がやってくる。そのことをいちばん嫌がったのは実は三歳のふみねだった。

お通夜のときも告別式のときも疲れきって、ハハの腕の中で眠っていたふみねだったが、火葬場では誰よりも感情を爆発させた。

「もうやめて欲しい！」

と大きな声でえみるの小さな棺の前にもっと小さなふみねが立ちはだかったのだ。本当に「ねぇね」が無くなってしまうと――。

三週間前の「パパ」の葬儀のことを三歳ながら覚えていたのだろう。

そういえば、あのとき、えみるも「何で燃やしちゃうんだろう、イヤだな」と言っていた。

「けむりになってね、高く高くのぼって天国へ行けるんだよ」と何とか納得させたけれど、ひょっとしたら、えみるが「イヤだな」と言った会話をふみねはわかっていたのかもしれない。

そんなふみねをハハはひたすら抱きしめていた。

えみるの棺が閉じられた瞬間、僕たち家族の心は潰れ砕け散った。

生まれたときよりもずっとずっと小さな姿になってまた僕の腕の中に戻ってきたえみる。

――十年と十一か月、たくさんの笑顔をありがとう。でも神様、短すぎるよ。本当にこれでお別れなのですか。連れていくのは、僕ではダメですか。命なら差し上げます。今からでも間に合いませんか……?

それまで、「なんとか送り出してやらないと」と、気をしっかり持つようにしていたが、えみるが入った白い骨壷を見て、張りつめていた緊張の糸がプツンと音を立てて切れた。僕の心は真っ暗になって塞がった。

その年、東京でたった一度だけ雪が降った日のことだった。

ゆるらゆるらと雪が降りはじめた

君とのお別れの日
悲しみが大きすぎて
雪の冷たさは感じなかった
真っ赤にかじかんだ指先は
凍えて動かないわけじゃなくて
恐さで固まっていた
君が消えてしまう事が
何よりも恐かった――

あの日神様にお願いしたんだ
君がいなくなるくらいなら
代りに僕をこの世界から消して下さいって
覚悟もちゃんとできています　だから
代りに僕を消してもらっていいですか
僕ではダメですか
なぜダメなのですか

「頑張れ、頑張れ」

そして残された僕と妻、そしてまだ三歳だった次女のふみね。三人で家にいるのは、まるで異空間に迷い込んだかのようだった。

結婚して二人きりだった生活に、赤ちゃんがやってきて三人になって、いつしか四人になった。新しい命を迎える準備をする時間はたっぷりあって、すぐに慣れることができる。ところが、四人が一瞬で三人になってしまうと、何から何まで歯車が狂ってしまった。

この家族から人数が減るときは、当然僕が一番先だと思っていた。その僕が残っていて、えみるがいない。それがどういうことなのか本当にわからなかった。

バカみたいに聞こえるかもしれないけれど、これは何かのシステムエラーで、原因がわかれば神様が元どおりにしてくれるんじゃないかって本気で考えたこともあった。どこかでリセットボタンが押されれば、あの日の朝から再スタートできるのではないかと。そうしたら、えみるをぎゅーっと抱きしめて、家を出る時間を一分でも、数十秒でも遅らせてやれるのに……と。

あの日、学校から帰宅してランドセルを置いたらすぐに家を出られるように玄関に準備してあった新体操の青いバッグも、きっと取りに帰ってきてくれると思ってずっと片づけられなかった。

でも、一週間たっても、一か月過ぎてもえみるは戻ってこない。さらに三か月目からは刑事裁判が始まって、五か月目には警察から遺品が戻されてきた。

グチャグチャに折れ曲がった傘。粉々に砕け散った新品の鉛筆。血染めの洋服。ズタズタにちぎれて、金具まで外れた赤いランドセル。

時間は心を癒《いや》すどころか、「起こったこと」を、「死」を受け入れなさい、と残酷なまでに現実を突きつけてきた。

悲しみ、憎しみ、後悔、恐怖。事故の後、僕は次々と襲って来る出口の見えない感情に混乱して、心のバランスを失った。

一方、妻は、事故直後の悪夢のような日々を誰よりも頑張っていた。取り乱したり大げさにふさぎ込んだりせずに、気丈に振る舞い、ぎこちなくも口角を上げて笑顔を作り日常を取り戻そうとしてくれた。

けれども、あまりにも懸命に涙をこらえる妻の姿に切なくなって、このままではいつか参ってしまうだろう、と心配でたまらなかった。

「悲しみをこらえないで、思い切り泣けばいい」

と言った僕に、妻は首を横に振り、

「これ以上、ふみねに涙を見せたくない。これ以上えみるのことを背負わせたくない」

と答えた。

しばらく話し合っているうちに、僕たちはひとつのことに対して、それぞれが別の後悔の念を抱いていることを知った。

えみるの生命の炎が消えかかっているのを知っていながら、自分が最後まで「頑張れ、頑張れ」と言い続けたことを妻は悔やんでいた。

「あの子に、生まれてからずっと、頑張れ、頑張れと言い続けてきた。天国に行くときくらい穏やかに送り出してやりたかった」

彼女はそう言った。

僕は逆だった。必死に娘の名を呼びながら「頑張れ」と励ます妻とは逆に、ふと僕の頭に「そんなに苦しかったら、もう頑張らなくてもいいから」という思いがよぎったのだ。僕は、そのことを後悔している、と妻に告げた。

「あとのことはちゃんと受け止めるから、もう痛い思いをしなくていいし、苦しみに耐えなくてもいいよって、そんなふうに思ってしまった。えみるはあんなに頑張っていたのに。自分は薄情な父親だ」

と唇を噛んだ僕に妻は、

「それは違う、酷《ひど》いのは自分のほうだ」

と言った。

「親なら、誰だって最後まで頑張れって励ますはずだ」

僕はそう言ったが、妻がうなずくことはなかった。

「一度でいいから『頑張らなくていいよ』って言ってあげたかった。『無理しなくていいんだよ』って……。だからね、『頑張れ、頑張れ、頑張れ』って頑張れだけを言い続けてきたんだから、言った本人の私が頑張らないと示しがつかないでしょ。じゃないとえみるに嘘ついたことになるから」

その言葉が心にしみて僕は無言でうなずくことしかできなかった。

最後にかけるべき言葉は、「頑張れ」だったのか「頑張らなくてもいいよ」だったのか、僕らにはどちらが正しかったのか判らない。どんな言葉をかけたにせよ、後悔したのだろう。ただ、後悔を抱えながらも頑張る妻を見て、えみるに「もう苦しまなくていい」と思った自分を責めるのをやめようと思った。それよりこれから先、何ができるのか、目を向けるべきはそちらだと妻に気づかされたからだ。

わたしはえみる

えみるは七歳も歳が離れた三歳のふみねをことのほか可愛がった。
亡くなってしばらくして、次女のふみねの不思議な行動がはじまった。その言動の裏には、えみるがいなくなったのは自分が良い子にしていなかったからではないかと、自分を責める気持ちが隠されていた。でも、僕らはそれにしばらく気づいてやることができなかった。

事故が起きたその日、風邪気味なのに寝起き姿のまま連れてこられた病院。見たこともないほど取り乱している両親。聞いたこともない声で泣き叫ぶ僕らの姿を、ふみねはただ心配そうに少し離れたところから見つめていた。濡れて冷たくなったおしめもそのまま、がまんしたまま……。

それから数日の間も、えみるの死ばかりに気がいってしまい、ふみねのことは二の次になってしまっていた。

小さいからまだ何もわからないだろうというのは、親の都合のいい勘違いだった。ふみねはちゃんと見ていて、覚えていた。小さな心で、自分の置かれた状況をどうにか理解しようとしていた。

それに気づかされたのは、えみるの葬儀から数週間経った頃のこと。ふみねと家の近くを歩いていると、近所に住むおばあちゃんが、「本当にご愁傷《しゅうしょう》さまでした……」と、声をかけてきてくださった。そして、手をつないでいたふみねに、こう尋ねた。

「妹さん、いらっしゃったのね。お名前は？」

するだ、ふみねは
「えみる」

僕が「それはねぇねでしょ？　ふみねでしょ？」と正しても、ふみねは「えみるです」と言い張る。

おばあちゃんと別れてから、「どうしたの？　ねぇねのこと思い出したから？」と聞くと、ふみねはうつむいた。

「ワタシ、えみるだもん」

「どうして？」

「だって、ワタシがえみるだったら、大人の人たちはもう泣かないでしょ。だからふみねは、えみるでいいの」

それを聞いた瞬間、言葉を失い、涙が溢れた。僕はその小さな体を強く抱きしめてやることしかできなかった。

僕らの気遣いが不十分だったために、自分がいなくなってもいいなんて思うくらい追い詰めてしまっていた。かまって欲しい盛りの三歳のふみねに、周りはえみるのことばかり。それがどれほど寂しかったことだろう。

また、自分が悪い子だから姉が帰ってこないのだと思い、突然ホームビデオに向かって、「ごめんなさい。ごめんなさい」と、頭を下げだしたり、自分の写真を見てはその写真を叩いたりすることもあった。

えみるが家にいないことは理解していても、ふみねにはまだ「死」というものが何かわからなかったのだろう。良い子にしていれば、いつか帰ってきてくれるだろうと、大人以上に本気で信じていたのはきっとふみねで、だからこそ時間が経つにつれ、「なんだ。いつまで待っても帰ってこないじゃないか……」と、悲しみと不安は深く濃くなっていったに違いない。

僕らは、やり場のない悲しみや後悔、寂しさをそれぞれの中に背負っていたのだった。


えみるがいなくなってから一年後の二〇〇八年、僕はえみるの事故のことを一冊の本にまとめた。まだ時間も浅いうちに、現場の様子を思い出したり、えみるが生まれてからの思い出を振り返るのはなんとも辛い作業だった。

しかしその過程が「思い出をめいっぱい話そう」「辛いときは泣いたもん勝ち」だという僕たちなりの、悲しみとの向き合い方の基盤になったように思う。

今になって思えば、あの本は、自分自身に対しての言葉だったような気がする。迷ってばかりいた自分に、「次の一歩をどうにかみんなで踏み出そうよ」というエール。それがえみるにとっての一番の供養になるのだから……と。

あの頃は、えみるのことを考えない時間は一秒もなかった。仕事をしていても誰かと会っていても、ずっと心の奥にえみるのことがあった。もちろん、今も毎日思っている。ずっと、えみるをどこかに探している。

同じような境遇に置かれたご遺族のみなさんから、お手紙をいただいたり、感想をいただいたりした。息子さんをバイクの事故で亡くされたお母様、同じように通学途中にお嬢さんを亡くされて一〇〇か日の法要を終えたご両親、そこには他人事ではない悲しみが綴られていた。

そんなとき僕は、「頑張りましょう」「乗り越えられるものだけでいいんですよ」といった言葉を返事に書いたのだが、でもあのときは、正直、そう言う自分がまだまだ全然頑張れてなんかいなかった。そんな自分が誰かを励ましたりする資格はないと心のどこかで思っていた。

そして、事故から九年経った。妻もふみねもそれぞれ頑張ってきた。いろんなことがあった。別れもあって、出会いもあった。「新しい命」もあれば、やはり「死」もあった。そして、徐々に、徐々に――。

あれから今日までのことを話そうと思う。

もちろん、一〇〇の家庭があれば、一〇〇通りの家族像があって、悲しみも感じ方生き方もそれぞれ違う。だから、僕らの経験を役立てて欲しいとは思ってもいないし、ましてや、事故なんて絶対に経験してもらいたくはない。

それでも、「こんな家族もあるんだな」と知ってもらうことが、何かの希望への小さなきっかけになれたらいいと思う。

第２章
ふみねにえみるが入った

命の傷について

事故の後、声をかけてくださる方たちから、「ごめんなさいね。辛いことを思い出させて」という気遣いの言葉をいただくことが多いが、思い出す以前に、否が応でも日々、現実として向き合わなければならない。それも毎日、毎日。気持ちの反応は違えど、それは九年が過ぎた今でも同じだ。

正直、えみるの事故の後は、頑張っているふうに見えて、「早く人生終わらないかな」と、どこかでずっと思っていた。

えみるが亡くなって三年近くは、そんな、どんよりとした気持ちが続いていた。「死ぬ」ことが怖くないと言ったら嘘になるが、えみるに会いに行けるわけだから、僕にとってはとても意味がある。ただし、自らが生きることを諦めたのでは、えみると同じ世界へは行けないこともわかっている。えみるは最後まで生きようとした人だから——。死んだら人は無になるといわれるかもしれないが、僕はえみるを通して、人は死んでも決して無にはならない、ということを色々な出会いと経験で強く感じた。

えみるの姿、形は無くなってしまったけれど、だからといって決して無になったのではないと感じることが多くあった。

そうなると、死ぬことに対する考え方も次第に変わっていった。喪失感から「ダメだ、もう人生投げ出したい」と思ったときも、みんないつかは終わりが来るのだから、今人生を投げ出してしまったら、最期まで生きようと頑張ったえみるに合わせる顔もない。

いつの日か、天国でもう一度会えたとき、えみるが僕やハハから聞きたいのは、家族で一生懸命頑張った話や、たまにはこんなに楽しいこともあったという話や、えみるが最終回まで見れなかったアニメのストーリーかもしれない。

だから「俺もうダメだ。人生どうでもいいや」とふと思っても、「ちょっと待て。えみるが大好きだったアニメの最終回まだだろう」と気づく。他人からすればくだらないようなことでも、いつの日かえみるに話してやらなければと思うと、「よし、あのアニメの最終回までは頑張って生きよう」と少し前向きになれたのだ。

そんな思いをめぐらせていくうちに、生きることを諦めるのは、一生懸命、死と闘っている人たちや、最後まで死にたくなかったえみるに対して失礼だという思いがより一層強く募り、「前を向かなければ」と言い聞かせるようになっていった。

えみるを亡くした後、「心にぽっかり開いた穴が塞がったら、それから一歩踏み出して頑張ろう」と思ってもみたが、この穴はなかなか塞がらない。悔しいけれど、その、「癒えない」し、「塞がらない」ことがわかったからこそ、不安でいっぱいだったが、一歩を踏み出すことができた。傷が癒えるのをずっと待っていたら、多分、次の一歩はまだ踏み出せていなかっただろう。

「いつか、時間が解決してくれる」とよくいうが、そういう傷もあるだろうけど、大切な家族を失ったときの命の傷というのは、なかなか時間だけでは、解決してくれない。たとえば、順番で、お祖父ちゃんが亡くなり、お祖母ちゃんが亡くなり、親が亡くなるのはまだなんとか時間が経てば心の整理もつくだろうが、幼い我が子が先に逝くとなるとそれは辛すぎる。

事故に限らず、暴力や戦争もあれば、いじめで亡くなる子も多い。そういう、理不尽で、自分の意思とは違うところで先立ってしまった〝愛する命の傷〟は、時間だけではなかなか癒えない。「亡くなった」と感じるより「奪われた」と感じる方が強ければ強いほど、なおさらだと思う。

「この穴は塞がらないな」と気づくまで、ずい分時間がかかった。「ああ、これはもう、穴の開いたままで生きていかないと、先へは進まないな」と開き直ったら、少しだけ心が楽になった。

妻は自分の言葉どおり本当によく頑張った。そのぶん頑張りすぎて、体調を崩したのは妻のほうだった。気持ちを強く持とうとすればするほど、体のほうがついていけなくなり、激しい頭痛に襲われてしまった。それでも「うちのだんなはお好み焼きしか作れないし、洗剤と柔軟剤を入れる場所をよく間違えるし、色々と手がかかるから今、倒れるわけにはいかない。自分が倒れてしまっては、この家は機能しなくなる」そう感じたのだろうか。

それからは気持ちを切り替えたのか、泣きたいときに思い切り泣いて、えみるをなくした哀しみに向き合った。妻しか知らないえみるの思い出をいっぱい聞かせてくれた。自分の気持ちを素直に吐き出すようになったハハは少し強くなった。そして見守ってくれているであろうえみるをたくさん感じるようになっていった。

一周忌のときには、「僕と妻で、えみるのお友だちに見せる思い出ビデオを編集しよう」と考えた。それで、生まれたときから亡くなる前までの約十一年間を、ハハと二人で二時間にまとめた。

もちろん二人とも見るたびに涙が溢れっぱなしだったが、赤ちゃんのときからのえみるの全人生を振り返ってみる作業は僕たちにとって、とても意義深いものがあった。

ちょうどその頃、精神的な疲れから円形脱毛症になっていた妻は、その髪の毛の抜けた所を僕に見せて言った。

「ここのハゲの形、隠れミッキーなんだけど」

あの強い「ハハ」が少しだけ帰ってきてくれた。

ふみねにえみるが入った

えみるが事故に遭ったとき、ふみねはまだ三歳だったが、その後、ある時期からえみるとの思い出話を毎日のようにするようになった。

僕らに比べ、まだ小さいふみねは屈託がなく、えみるとの思い出を健気に話してくれ、それにすごく助けられた。

ふみねに背中を押されるようにして僕たちは、「それだったら、思い出すと辛いからといって逃げないで、どっちみち辛いんだから、ふみねと一緒にえみるのこと、いっぱい話そう」と決めた。それが大きかった。

まだ幼いふみねが、そのきっかけを作ってくれた。あのとき、もし、ふみねがねぇねの話をすることを躊躇っていたら、今があっただろうか。

「もういいよ、思い出すと悲しくなるから」ではなく、「とにかく吐き出そう、喋ろう、家族で。ふみねがねぇねの思い出を言ったら、それに乗っかってみんなで、喋ろう」と、妻と話し合ったことが結果的に良かった。

よく「悲しみを越えるには」と色々問答されるが、僕は、悲しみの中には、一生越えることのできない悲しみもあるのではないかと思うようになった。

だから越える必要もないと考えるようになった。確かに人生において越えなければならないものはある。しかし、越えられないものもある。そこには常に悲しみがついてまわるかもしれない。それでも、忘れようとするよりも、我慢せずに、愛する人や子供の面影を追い続けたほうが、生きることが楽になるのではないか。

そうしたことが、えみるのことをちゃんと受け止めていく作業につながっていったのではないかと。今思うと、それが傷を癒す大きなきっかけともなった。

「そのことには触れないようにしよう」ではなくて、逆に家族のあいだではどんどん触れていこうと話し合ったことが結果的にすごく良かった。生きていくなか、いつか正面からえみるの死、彼女がこの世にいないことに向き合わないといけない時期が必ず来る。

正直言って、命が「無くなった」のと、「奪われた」のでは、やっぱりすごく感覚が違う。

でも、現実はやはりそんな感情も含めて、えみるの交通事故死に向き合っていかないといけない。もう、天国に旅立ったんだということを受け入れることは必要だった。

そのきっかけを、健気な笑顔で作ってくれた小さなふみねに感謝している。

ふみねも変わっていった。チチとハハの落ち込みように、自分もなんとかしなきゃ、ウチはダメになる、と幼心にそう感じたのかもしれない。

えみるがいたときは、ふみねは、えみるの影に隠れて後ろから顔だけ出しているようなタイプの妹だった。引っ込み思案というわけではなかったけれど、お姉ちゃんの後ろで隠れて様子を窺《うかが》うような子だった。そのふみねが、えみるがいなくなって一年くらいしてからは、すっかりえみるになった。

前に立って守ってくれる人がいきなりいなくなって、これからは、自分で受けて立たざるを得ないことを、小さいながらどっかで感じたのだと思う。だから、そんなとき僕と妻は、「あ、えみるが入ったね」と、よくそういう言い方をして、ふみねの明るい変化を見つめていた。

ふみねは、えみると一緒に幼稚園に行きたかったようだ。えみるが通っていた小学校のすぐ近くに幼稚園があり、彼女の希望は、ねぇねと手をつないで幼稚園に行くことだった。でも、幼稚園入園のときには、もうえみるはいなくなっていた。それまでは、ずっとねぇねに手を握ってもらいながら、遊びに行ったり、出かけたりするのが彼女の日常だったのだが、それがいきなりえみるがいなくなったので、幼稚園へ行くのも一人で行かなければいけなくなった。

もう、えみると一緒に行くという夢は叶わない。だから「これからは自分でやっていかなきゃ、ねぇねはもうずっと帰ってこないかもしれないから」と、小さいながらに感じて変わっていったのかもしれない。

性格も、すごく前に出るようになった。友だちを作るのも、えみるは非常に得意で、初対面でも「わたし、えみる。あなたは？　お友だちになりましょう」というタイプだったが、以前のふみねはそういうタイプではなかった。しかし、ねぇねと一緒に通えるはずだった幼稚園へ一人で通うようになってからは、すぐ友だちを作れるようなタイプに見事に変わった。

僕も妻も、そのときは「え！　性格ってこんなに変わるもんか？」と驚いて「大丈夫かな」と逆に心配した。えみるが亡くなった年の春過ぎ頃からすごく変わっていった。

僕たちはそのたびに「えみるが入った」「あっ、またえみるが入った」と言っては笑っていた。また、喧嘩なんかするようなタイプではなかったのに、幼稚園では、取っ組み合いのけんかばかりしていた。その取っ組み合いをしていた相手は、今ではふみねの大事な親友となっている。ふみねが持つ生来の性格は変わっていないが、行動と活発さは一八〇度変わった。それが、僕らには、癒しとなり励みになった。

変わっていく次女のふみねを見ていると、「あ、ふみねも、えみるがいなくなったことに対して、なにか一生懸命子供なりに頑張っているんだな」と感じ、「じゃあ、大人の自分たちがめそめそして止まっているわけにはいかないだろう」と、強く思えたのだ。

理由はないのに、ふっと、すごく、涙が止まらなくなるときがある。えみるが亡くなった後、まだ、一年、二年、三年くらいまでは、道を歩いていて、なぜだかわからないのに、突然涙がわーっと出てきたりしたこともあった。仕事場でも、テレビの収録中でも「あ、やばい！」ということがずいぶんあった。

何とか抑えていても経験したことのない感情が、道を歩いてるときでも収録中でも、突然パーンとやってくるのだ。それを妻に話すと「だから家では泣きたいとき、泣こう。情けないことじゃないよ」と言ってくれた。それですーっと気が楽になった。

やはり、感情を無理して押さえつけなかったのが、良かった。

僕がえみるのことで落ち込んでいるとき、ふみねは小さいのに、「いいこ、いいこ」をよくしてくれた。「泣くのをやめて」とは言わないものの、少し笑いながら、「さっきチチ、泣いたでしょう。目が腫れてるよ」と、わざと突っ込みを入れてきたりした。朝、寝起きの僕のむくんだ顔を見て、「ゆうべ泣いたね。こりゃ泣いたわ」なんて突っ込まれたことが何度もあった。それが良かったと思う。「悲しいときは、とことん悲しもう」という我が家のスタンスが、妻や僕には良かったのかなって思う。

それを子どもの前では一切見せないようにしようとか、変に抑えこんだりしていたら、僕たちは余計わけのわからない暗闇に入っていったような気がする。

心の中を涙と共に吐き出して、チビのふみねに「いいこ、いいこ」されたとき、「あ、こいつがいるじゃないか、大事な大事なふみねがいるじゃないか。えみるのことはものすごく悲しいけれど、この子を育てることが、今の自分には一番大切なことなんだ」と、何度も何度も自分に言い聞かせられたことが心の再生に大きくつながった。やはり、我が子の存在ほど大きいものはない。

「いいこ、いいこ」でまたひとつふみねに借りができた。

ハハが前へ向かった

ふみねが小学校へ上がった頃からハハが変わった。

それまで妻は、ＰＴＡなどで率先するとか、お母さん同士の交流を積極的にするというタイプではなかった。我が道を行くというか静かに見守っているという感じだった妻が、まるでえみるのように積極的になった。

たとえば、ＰＴＡの役員なんぞ頼まれようものなら、「私には無理です……」とピッシャリお断りしていたのが今では「わかりました。じゃあ、やってみましょうか！」と返事をするようになった。えみるがいなくなった後、ふみねが活発化し、努めて明るく行動的になっていく様子を見て、自分も変わらなくてはと思ったらしい。今では、ふみねの習い事にも、父兄として付き添うのではなく、一緒に参加して習うようになった。娘と一緒に何かするということにとても意義を感じているようで、教室での出来事などを話す二人はとてもいきいきとしていてうらやましいくらいだ。

一緒に通っているタップダンスでは、吸収の早いふみねに、妻が「ここってどうするの？」と尋ねる。すると、ふみねも親に頼られていると感じて嬉しくなるようで「ここはこうだよ」と応える。そんなとき、ふみねと妻の関係は無二の親友同士に見える。でも、ふみねが母親のことをとても尊敬しているのもしっかりと伝わってくる。二人で踊ったり歌ったりしている光景を見ると、僕は幸せな気持ちになる。ふみねと妻の関係の中にえみるを感じるからだ。

お互いがお互いの欠けてしまったところを、励まし合って補い合って頑張っていこうという二人の強い前向きな気持ちを感じる。こういう何気ない時間も全部、偶然そうなったのではなくて、やっぱり必然で、そこにはいつもえみるがいる。不思議な言い方かもしれないが、いなくなってしまったえみるが僕らをそこへ導いてくれる。僕らが迷ったり立ち止まったりしたとき、いつもえみるがコンパスとなる。そして見つめた先で新しい感覚に気づく。それが僕らにとっての一番の癒しになる。

ある日、妻が言った。

「私の生き方は決まった」

「生き方？」

「人に何と言われても、人がどうであろうが、私は、自分がいつか天国に行くときがきて、えみると会えたとき……えみるに『よく頑張ったね』って言って欲しい」

僕も同じ気持ちだ。

その言葉どおり、ふみねと一緒に習い事に通ったり、学校の役員を務めたりと、今を大事に生きている妻。これからも経験のなかったことに、ぶつかるかもしれない。けれど、ひとつひとつ今持てる力で向き合ってゆくだろう。家族が笑顔で幸せでいるために。そして天国のえみるが笑顔で満ちるように。

無理して越えなくていいんだ

幼稚園くらいまでは、「ねぇね」と言っていたふみねが、小学生くらいからある日突然、「えみる」と呼びはじめた。それが何のきっかけだったが、僕は覚えていないが、それから「えみる」と呼ぶのが普通になってしまった。

本人に聞いてみても、「覚えていない」って言うかもしれない。なんで「ねぇね」が「えみる」になったのだろう。ふみねの中で、ずっと「えみる」のままでいて欲しいと願ってのことかもしれない。

そんなふみねも、今ではえみるの歳を超え、どちらが「ねぇね」なのか不思議に思ってしまうほど大きく成長してくれたが、越えられないこともある。未だに交通事故のニュースを見ることができない。このあいだも、ダイアナ元妃の車の事故をＣＧで再現する番組をやっていたのだが、事故の映像が出たとたん、すぐにチャンネルを変えてしまった。

「嫌だ！　見ない！」

今でも夜、寝ていてうなされることがある。ハッと起きあがるとたまに僕とハハに向かって「私は死なないかな？」って、聞いたりする。えみるのことがすごく大きいトラウマになっているから、不安が続くのだろう。前にも書いたが、越えられない悲しみもある。九年経ってよくわかった。

「大丈夫だから、そういう不安は無くせ」と言ったところで、無くせないものは無くせないし、だから、僕はあえて「無くせ」とは言わない。そんなときは「わかる、わかる。チチもハハもその気持ちよくわかるよ」と言うようにしている。

だから、「時が解決してくれる」というのも、時間が経てば忘れるからという単純な意味ではなく、時間をかけて少しずつ自分たちで心の立ち位置を変えて、悲しみに対処する術を覚えていくという意味なのだと思う。決して時間と共に悲しみが自動的に減ってくれるなんてことはなく、ただ、それにどう向き合っていくかを、人それぞれが時の中で見つけ、学んでいくことなのだ思う。

「混乱して前へ進めません。どうしたらいいでしょうか」「子どもを事故で亡くして三か月、その頃の気持ちはどうでした」

「風見さんの笑顔はどこから来るのですか。どのようにしたら笑顔になれるでしょうか」いまも同じような体験をされた親御さんからお手紙をいただく。

「何年経っても忘れることなんてできません。忘れる必要もないと思います。悲しいときは、たくさん泣いてください。ただ、無理だけはなさらないでください。越えなくたって生きていけます」

僕はそう返事を綴る。越えようとして、もがいてもがいて、それでも越えられないと、悲しみは、もっと辛いものに変わる気がする。越えられないと覚悟したとき、逆に前向きになれるということもあると思う。越えて消し去ろうとするから無理がある。周りからは「いつまでも引きずって――」と言われるかもしれないけれど、一生、それも自分の一部として悲しみとともに生きていくという選択があっても僕は良いと思う。

ゆるら・アオギリにたくして

命だけでなく、仕事にも確かにえみるが結んでくれた「ご縁」があるのだと感じてならないときがある。渡される仕事のスケジュールを見て「どうして僕に今、この仕事が来たんだろう」と思うと、やっぱりそこにも、えみるが頑張れってサインを送ってくれていると感じる。

二〇一二年、デビュー三十周年を記念して、シングルＣＤを発売することになった。なんと、二十七年ぶりの新曲だった。プロデュースは秋元康さん。当初用意された曲は、バリバリの八〇年代アイドル風で『僕笑っちゃいます』の三十年後という設定で作られた。「あのオヤジまだバブルを引きずってんのかよ！」と突っ込まれそうな八〇年代のギラギラした衣装を着て、ジャケット撮影も行った。ダンススタジオにも通い、五十過ぎて踊る気満々だったそんな折、カップリングはどうしようかという話になり、打ち合わせで秋元さんのスタッフから「もう一曲は自分の思いを自分の手で形にしてはどうか」という意見をいただいた。それがきっかけで、作詞を担当することになり、今まで書き溜めていた言葉や気持ちをひとつにまとめて、誕生したのが『ゆるら』だった。

五年間のさまざまな気持ちが綴られたメモを眺めながら、えみるとの日々を思い起こし、「前を向いて歩く」ことをテーマに作詞をした。

すると、その曲の制作には不思議な偶然がいくつも重なった。まず、曲がついて、僕の手元に届いたのが一月十七日、事故の日と同じだった。そして、ヴォーカル・レコーディングは告別式と同じ日に行われた。なんと、五年前と同じように雪まで降っていた。

宣伝のために、わざとそうしたともとられかねないが、日程を組んだレコーディングスタッフたちはそんなことは何も知らず、僕のマネージャーからそのことを知らされてとても驚いていた。万が一知っていたとしても、さすがに雪が降ることまで誰が予想できただろう。降る雪を見た瞬間、緊張している僕の手をえみるがやさしく握ってくれているのがわかった。

仕上がりを聴いた秋元さんから「逆にしませんか?」と変更の提案があり、秋元さんが作ってくださった、『今さらFall in love』の方がカップリング曲となった。

そしてその後のジャケットの撮影。カメラマンが指定してきたその場所は、えみるとよく一緒に遊んだ公園だった……。

〈また一緒に遊びたかったなぁ……〉

一緒にさくらの花びらをコンビニ袋にいっぱい詰めて。

一緒にアホみたいになってアゲハ蝶を追いかけて。

銀杏の臭さに鼻をつまんで。

落ち葉の上をわしゃわしゃわしゃわしゃっと歩いて。

いっぱい笑って。

思い出を手繰《たぐ》るように、えみるが編んでくれたマフラーを握り締めて僕は撮影に臨んだ。


翌年の二〇一三年には、広島の原爆をテーマにした映画『アオギリにたくして』という映画が公開された。広島平和記念公園の被爆アオギリの木の下で、被爆体験を語り続けた「アオギリの語り部」として実在した沼田鈴子さんという女性をモデルとした物語だ。

沼田さんは二十代のときに被爆し、一命は取り留めたものの建物の下敷きになってしまい、左足の切断を余儀なくされた。片足を失ってしまうだけでなく、婚約者の戦死というさらなる不運が追い打ちをかけ、自暴自棄になり、一時は自殺も考えていたのだが、そんなとき、被爆して丸焦げになってしまったようなアオギリの木に小さな芽が出ているのを発見すると、それを目にした彼女は「どんなことがあっても生きていこう」と決意する。すぐに過去を語ることはしなかったが、三十年近く経ってアメリカ軍の原爆記録映像に映る自分の姿を見たことをきっかけに、アオギリの木の下で修学旅行生に被爆体験を語りはじめる。沼田さんは被爆者という差別と闘いながらも生涯、命の大切さ、平和の尊さ、核の恐ろしさを伝え続けた。

僕は、広島市で生まれ育った。親や祖父母も、親戚のおじさん、おばさんもみんな、戦争を経験した世代だ。しかし僕が戦争の話を聞くことはめったになかった。法事などでみんなが集まったときは、むしろ、原爆の話に触れてはいけないというような雰囲気が漂っていたからだ。

それでも平和学習の宿題のこともあり、子供だった僕が尋ねると原爆が落ちた日のことを父は断片的に語ってくれた。

「首のもげた馬が走っとった」「影が二つある人が歩いとった。ひとつはめくれた背中の皮じゃった」

原爆投下時の衝撃のことをそんな言葉で聞かされた。それは平和な世界で生きる僕には、想像もできないような話だった。子供だった僕には、ホラー映画のストーリーを聞いているような、とても現実とは思えない話に思えた。

戦争は、人の心の奥底にまで深い爪痕を残すのだろう。だからこそ、その悲惨な過去を語り継いでいきたいという人もいれば、思い出すのも辛すぎて言葉にできない人だっている。そのどちらも僕は正しいと思う。どちらの気持ちも、えみるの事故を経験して僕自身も感じた。

僕の両親はどちらも被爆者だ。普段の生活でそれを感じることはめったになかったが、病気で入退院などの手続きを行う時は必ず、被爆者健康手帳を出していたので、そのたびに「ここは被爆地なんだ」と感じた。ときどき被爆二世としてテレビ出演の話が来たが、僕はそれらをほとんど断っていた。経験してもいない自分の言葉では、とても原爆の悲惨さは、伝えきれないと思ったからだ。

けれど『アオギリにたくして』のオファーをいただいたときは、すぐに受けたいと思った。大勢の人が、あの日、一九四五年八月六日、原子爆弾投下によって、理不尽に家族や友だち、恋人、家や街を一瞬にして奪われた。どんなに辛かっただろう、どんなに苦しかっただろう。どんなに怖かっただろう。それまでの僕にはどのように表現すればいいのかわからなかったが、えみるを失った悲しみが、僕に演じる勇気をくれた。愛する人が突然いなくなってしまった経験が教えてくれたことを、今なら表現できるのではないかと思ったのだ。

その前に、ＮＨＫで司会を担当させていただいた番組「にっぽん巡礼」の中で知った阪神淡路大震災と一本の大木にまつわる話も参加を決めるきっかけとなった。

震災後の火事の影響で丸焦げになったその大木は中身まで焼けてしまって、幹にポッカリ大きな穴が開き、薄皮一枚だけが残った状態だった。誰もが「そのうち枯れるだろう」と思っていたのだが、その木はなんとまわりに残った表皮一枚から新たに芽を出したのだ。

『アオギリにたくして』に出てくるアオギリも、爆心地から一キロちょっとの場所で被爆した。熱線と爆風を受けて、爆心地側の幹半分以上が焼けてえぐられてしまうのだが、残された樹皮が傷口を包むように成長し、小さな芽を吹いた。それは、放射能の影響で七十年は草木も生えないと言われていた広島にとって、どれほど力強い出来事だっただろう。

「これは絶対えみるが教えてくれたんだ」そう確信した。

僕たちの新しい花を咲かそう

以前、こんなことがあった。広島のじぃじとばぁばが、被爆していることを知ってか知らずか、小学五年生の夏、えみるが原爆資料館に連れて行って欲しいと言い出した。強く感じるものがあったのだろう。えみるは一生懸命にメモをとり、目に焼き付けるような勢いで資料を眺めていた。わからないことが出てくるたびに矢継ぎ早に質問を投げかけてきたが、僕は満足に答えてやることができなかった。

「チチ、このことを学校で発表したいから」と言ってせがまれた、写真集と原爆の物語の本は「東京のお友だちには強烈すぎるよ……」と買うのを断ってしまった。

事故後、えみるの担任の先生が三学期の通知表を届けに来てくださった。そのとき一緒に持ってきてくれたのが、えみるが三学期に書いた作文や、絵画、書道などだった。

僕は作文の「戦争」というタイトルを見て、先生にどうしてこんなに難しいテーマを選んだのだろうかと尋ねた。すると、先生も僕と同じように思い、他のテーマに変えることも提案したようだったが、それでもえみるが選んだテーマは「戦争」だった。


『戦争』

みなさん、戦争というもの、知っていますか。

戦争というものは、小さな欲から始まります。

一人一人がゆずりあいをできず、そして争いになり、軍などを引き連れて戦争をするのです。

戦争というものはみにくい物です。

戦争をすることで大人や子供などいろいろな人々が苦しみます。

今、苦しんでいる大人や子供がきっとさけんでいるでしょう。

「戦争をやめてくれ。お願いだ。」

「助けて下さい。お願いです。」

「おなかがすいたよー。何か食べる物がほしいよー。飲み物がほしいよー。」

戦争をしている人たちは、苦しんでいるのを知っているのに平気で銃を〝バンバン〟うちます。

私は、銃の〝バーン〟という音が大嫌い。とっても大きくてこわい音だから。

だから戦争をしている中に住む人たちは、かわいそうです。

もし私がそんな中で生まれた子供だったら、胸がはりさけるまでずっと泣き続けるでしょう。

でも、こんな戦争のことなど、ふつうの幸せな人は、あまり深刻になって考えないでしょう。

私もこれを考え、そして書くのはとてもむずかしかったです。

しかも戦争の事をこんなに真剣に考えたのは、私も初めてでした。

最後に、これは深刻に考えなくてもみんなが心できっと思っていること。

そう、それは……

「戦争をやめてほしい」と言うこと……。（原文ママ）

大下えみる

原爆資料館には連れて行ったけれど、僕らは特別にえみると戦争の話をしたことはなかった。あの作文にはえみるがひとりで感じたこと、調べたことが綴られていた。えみるは作文に、戦争の原因は「小さな欲」にあると書いている。「一人一人がゆずりあいをできない」からだ、と。

戦争に限らず、すべてのことに言えるのではないかと僕は思う。えみるが亡くなった交通事故。その多くの原因も「少しでも早く目的地に着こう」という小さな欲や、「われ先に」という気持ちから起こっているのではないか。大人が決めたルールをちゃんと守っている子供が、そのルールを破った大人のために犠牲になってしまう。こんな理不尽なことはあってはならない。

一秒我慢することはできても、一秒だって巻き戻すことはできない。その一秒のために加害者になってしまったら、犠牲になる命が出てしまったら、生涯かけてもその一秒を元に戻すなんてことはできないのだ。

植物は、焼けたところは再生しない。だけど、薄皮一枚でもあればそこからまた芽を出す木々もある。人間も、命があればどんな人生もやり直すことができるかもしれない。しかし、それが奪われてしまったらどうにもならない。

事故によって、心に塞がることのない大きな穴が開いてしまったけれど、僕たちにはまだ残った心と命がある。家族がいる。そこからどうにか新たな芽を出さなければ。

「植物でもやっていることを、僕らがやらないでどうする」

昔のように元通りの満開の花は咲かせられないかもしれないけれど、頑張って前を向き続けていれば、一輪かもしれない二輪かもしれない、けれど、また新しい花を、僕たちなりの花を咲かせられるのではないか、そう信じている。

大声で叫びたい

えみるが亡くなって半年が過ぎたその年の夏、家族三人で思い切り泣いたことがある。外に出る気力も出なかった僕たちを心配した親友が「ずっと閉じこもっていても身体に悪いから、海へ行こうよ」と誘ってくれた。

「海でどんなことがしたい？」

海の家で浮き輪を借りてふみねと泳ぐとか、彼の趣味であるサーフィンを一緒にやってみるとか。どんなことをして遊ぼうか……そういう意味で友人は妻に訊《き》いたのだろう。しかし、妻が答えたのは——。

「大声で叫びたい」だった。

よく考えてみれば、この都会の中で声を張り上げて泣くのはちょっと難しい。悲しい気持ちを思い切りぶつける場所に海は最適だ。

予想外の返事に、「うーん……」と腕を組んで友人はしばらく考えた後「わかった」と答えた。

そして、約束の日の夕方、千葉の千倉の海に着いた。彼は「ちょっと、こっち」と僕らに手招きをして、夕日が沈む頃、人の少ないきれいな砂浜に案内してくれた。

うちの家族三人と友人と四人で、しばらくキラキラ光る海を眺めた。夕日が海の上に光の道を作っていた。

「すごい良い場所だね」

僕が振り向くと、友人はいなくなっていた。僕ら家族三人だけにしてあげようという心遣いだった。妻とふみねのほうを向くと、二人ともボロボロ泣いていた。

妻は大きく息を吸い込むと、海に向かって大声で叫んだ。

「えみる、ありがとうー!!」

それにつられて、ふみねも叫びだす。

「ねぇね、ありがとー!!」

オレンジ色に染まる海に向かい大きな声で、何度も何度も「ありがとう」と繰り返す二人の姿に、僕もつられて大声で泣いた。

「えみる、ありがとーー」「いつか、また会おうねーー」

大きな悲しみに遭うと、その後、立ち直ったきっかけは何だったのかと聞かれることがある。だけど、僕はそれってそんなに特別なことではなくて、些細なこと、小さなことが積み重なって、少しずつ、少しずつ前を向けるようになるのではないかと思う。

僕はこの日の千倉の海の輝きと、ハハとふみねの大きな声を一生忘れることはないだろう。

さくらのとんねる

ぽっかぽかのお日様が気持ちよくて
妹と歩いてみたよ……君が毎日通った通学路……

ピンクに染まった　さくらのとんねる

散ったさくらが可哀想って
小さな手でコンビニ袋いっぱいにつめこんで
もう１度咲かせてあげる！　と空に飛ばした
短すぎる春を　愛《め》でるように　さくらの花びらを集める君……

散ったさくら――また空を染める
花びら降り注ぐさくらのとんねる――はしゃぐ君達がいた
春色の川面に映る２つの影
変わらない景色が続くと信じていた　あの頃

忘れたくない！　って　想い出の中の幸せを引っ張り出しては
いつまでも消えませんように！　と強く願う
短すぎた命を　慈しむように　そっと抱きしめる妹……

散ったさくら――また青空を舞う
花びら降り注ぐさくらのとんねる――
川面に映る　もうひとつの影を探す妹
大きな愛のつまった小さな手で
君が咲かせた　さくらのように
君にも〝もう一度〟が　あればいいのに……

大きな愛のつまった小さな手で、妹をそっと抱きしめるえみる。ふみねの七五三。

第3章 こころ、新しい命

長男こころ

えみるの一周忌から数か月経った日、ハハのお腹に新しい命がやってきたことがわかった。

「その子はえみるに違いない」

妻の両親はそう言って手を叩いて喜んでいた。えみるの生まれ変わりかどうかはわからないが「兄弟が欲しいな、できるものなら、お姉ちゃんが欲しい」いつも言っていたふみねの喜びようはそれ以上だった。自分と同じ年頃の仲の良い姉妹を見てはときどき、寂しくなって泣いていたふみねの姿を思い出すと、僕たち夫婦も最高に嬉しかったし、ハハが前を向くきっかけを作ってくれたのはこの新しい命だった。

しかし「おめでとうございます！」と、医師のお墨付きをもらうまでは、油断ならないという緊張感が漂っていたのも事実だ。ふみねを妊娠したときのことがどうしても頭をよぎる。おめでたを確認してもらうつもりで行った病院でハハの体に卵巣嚢腫《らんそうのうしゅ》が見つかったのだ。しかも、今回の妊娠時にハハはとうに四十歳を超えていたので、高齢出産という不安も重なった。

僕たちはふみねを取り上げてくださった先生の元に伺った。

ところが、何度目かの検診のとき、先生から「血液検査の数値に少し気になるところがあるので、羊水検査をしてみてはどうですか」と勧められた。

お腹に注射器を刺し、子宮から羊水を採取する羊水検査は、その刺激による子宮収縮や感染による流産のリスクもある。それは三〇〇人に一人程度という決して少なくない数字であるが、胎児に疾患がないか九十九パーセント以上わかるという確実性もあると言われている。

以前の卵巣嚢腫も気にかかる。

「年齢のことでも心配はあったし、異常なしだと診断されれば安心じゃないか」

ハハは羊水検査を受けることにした。検査の結果が出るまでの間は気が気でなかった。

「新しい命はちゃんと育ってくれているのだろうか?　ハハの体に負担はないだろうか?」

えみるの面影を探しつつもそのことが四六時中心配でならなかった。

二週間後、検査の結果がわかった。

「ダウン症の男の子です」

染色体の数に異常が見られたのだという。さらに検査結果から、ひょっとするとお腹の中の子が胎内で臓器を作っていく過程で支障がでるかもしれないと告げられた。無事に生まれてきても、程度に差はあれど、障害を持って生まれてくるとも告げられた。

しかし先生は、

「この子は絶対、お二人にとって意味のあるお子さんだと思います。ダウン症のお子さんは福を運ぶ子ともいわれるんですよ」

大きな大きな不安の中で、その先生の言葉は僕たちにとってたまらなく嬉しい言葉で、涙が溢れた。先生も一緒に泣いておられた。

もし今、えみるがいてくれたら、彼女は僕たちに何て言葉をかけてくれただろう。〈今、えみるは天国から、どんな表情で僕らのことを見てくれているのだろう〉正直、結果は大変ショックなものだった。不安以上のものが心に広がっていた。しかし、不思議と覚悟は決まっていた。産まないという選択肢はなかった。

家に戻ると「不思議だね」とハハが切り出した。

「私が短大で福祉を学んで、障害児施設をまわったりしていたのが、今につながった。この子のためだったのかな」

その日のハハが、日記に綴った言葉は、まさにえみるが僕たちにかけてくれそうな言葉だった。

２００８年4月18日　Ｆｒｉ
羊水検査の結果が出た。
ダウン症の男の子だった。
そう来たか……!!　でも一生懸命動いてるよ!!
前向きに!!　Ｈａｐｐｙに♡　（以下日記、原文ママ）

えみるやふみねのときと変わらず、ハハのお腹は日に日に大きくなっていった。先生も精いっぱい、お力添えをくださった。僕らはお腹の男の子にひらがなの「こころ」と名前をつけた。この子は「心」で生きていく子どもになるだろうという思いからそういう名前にしようと、ハハとすんなり決めた。

不安はもちろんあった。大きな大きな不安が常に僕を飲み込もうとしていた。（僕の）父の認知症介護の件もあったので、これ以上僕たちに苦労をかけさせたくないと、ばぁばは心配したが、えみるを失い、一番命の大切さを知っているハハには産まない選択はなかった。

「来てくれるならどんな形でも来てもらえれば嬉しいし、えみるのときは最後に何もしてあげられなかった分、苦しくても、一緒に頑張ったりできる」

とハハは僕に告げて何度もうなずいた。

ただ、えみるのことで色々あったからふみねにだけは、これ以上何かを背負わせたくはなかった。それだけが二人にとって大きな心配だった。それでなくてもいろんな経験をさせてしまったので、弟に障害があるということになると、しなくていいはずの苦労をさせるかもしれない。しかし、弟が出来ることをふみねは心からの笑顔で喜んでくれた。

先生に、「産むこと」そしてその不安を伝えると、遺伝子を研究する医師や、障害を持つ子どもたちをケアする医師・看護師さんを紹介してくださった。

僕たちはみなさんの話を聞きに行って、障害を持つお子さんを育てているお母さんやお父さんを紹介していただいた。僕が仕事のときは妻ひとりで積極的にお母さんたちに会いに行っていた。

「ダウン症のお子さんのお母さんに伺うとね、『ダウン症の子は天使ちゃんなんだよ』っておっしゃってた。ちゃんと天使ちゃんのお世話をしてくれるうちを選んで行くんだって」

「そうか。こころは俺たちを選んで来てくれたのか」

妻から子どもたちの純粋さや、お母さんたちがどう育てられているか、また進学のこと、就職のことについてもさまざまなケースがあることを知ることができた。

経験のあるお母さんや、お父さんなどたくさんの方にお会いして意見をいただいたり、励ましていただいたりした。確かにまだまだ大きな不安はあったものの、「こころ」が来てくれたことを後悔したことは一度もなかった。

もしえみるのことがなかったら、生まれてくるこころの障害に対する意識は違ったものだったかもしれないが、ハハにいたっては、「新しい命を感じさせてもらえただけでも、どんなに幸せな時間だったか」と天に感謝した。

正直言って、えみるを失った後の一年は、まだまだ自分たちは暗闇のどん底にいて、「今、一番苦しいのは自分かもしれない」と世の中の不運のすべてを背負っているかのように思える時間もあったが、そうしたお父さん、お母さんにお会いしたことによって「ああ、ここにもこんなに頑張っている人がいる。ここにもこんなに頑張っている人が、こんなところにも、あんなところにも」そう実感していった。

「こころ」は僕たちに勇気をくれた。僕たちの人生が少しずつ前に向かって動き始めた。

ハハの日記を続ける。

きっと大丈夫

４／20　Ｓｕｎ

お母さん達と話しをした。

「最初は、ヤメさせようと思った」事……「会って話して何でも協力するから一緒にがんばろう」と言ってくれた事、色々考えた。

家に戻ってえみると話した。

「間違ってないよネ?」って……やっぱりきっと大丈夫。


じいとばあの心配は痛い程良く分かる。

私も親だから……きっと同じ事を言う。

でもこの事は自分で決めて来た事で、えみるもついていてくれてて…

必ず幸せな事だと分かるはず!!

知らない事だから不安と思えばきりがない。

でもきっと大丈夫!!

ふみねとこころがのびのび生きていける様、皆がＨａｐｐｙでいられる様いっぱい考えてきちんと勉強して前向きに生きていこう……!!　いつも笑って♡

安産祈願で有名な水天宮にお参りにも行った。腹帯のお守りを購入して、神様に手を合わせる。正直、まだまだ不安はある。けれどまずはこころが無事に産まれてきますように……。

4／21 Mon

じいばあ、先生、さおりちゃん…。

色んな人の話を聞いて、チチとも沢山話して…やっぱりとにかく心配して悩んでいるよりがんばってみよう!!

絶対大丈夫!! 周りの人々の心に本当に本当に感謝!!

皆に甘えて助けてもらいながら明るく!! 強く!!

Ｈａｐｐｙに生きていこうネこころ!!

4／23 Wed

遺伝子の先生とお話をして来た。安直なメリット？ デメリット、病気の事…色々伺ってがんばれると思った!! 胎動があるのは元気なしょうこだって言って頂いた。ウレシかった。

一歩ずつあせらず進もう!!　チチと水天宮にも行った。

４／26　Ｓａｔ
私の考えは……間違っているのかな?
ふみねの事、こころの事……どうすれば皆が笑っていられるの?
チチとふみねが笑っていないと私も笑えない。
くずれそうになる……どうするのが一番良いんだろう……?
ねぇ……えみる……。

４／27　Ｓｕｎ
こころ!!　悩んでごめんね。

強くならなきゃ……えみるがさずけてくれた、えみるかもしれない貴方を守らなきゃ!!

守りきれる強さをもたなきゃ!!　日々いやしてくれるふみね、チチに感謝です。

最初から、産まない選択はなかった。

でも、ふみねの人生を思うと……だから考えてみた。考えただけで悲しくてたまらなくなった。

色々不安はある……でも子育てに不安は必ずあるもので……

ハンディがあっても無くても一緒!!

生命の重み、ありがたさを誰より知ってる私達が投げ出す事は出来ない。

色んなカクゴをしなくちゃいけない事もあるかもしれないけれど、こころの人生を一緒に歩いて行きたい。チチと私とふみねとこころで……

ふみねには迷惑をかけない様、のびのび幸せに生きてもらえる様とにかくチチとがんばる!!　がんばるから……一緒に笑おうね!!


妻は心の中であるときは笑い、またあるときは悩み、そしてこころを励ました。こころは胎動や成長でそれに応えた。二人はまさに一心同体となって互いを支え合っていた。正直なところ、僕は妻のお腹が大きくなっていく様子を見守ることはできても、お腹の中で育てるという経験はできないので、妻とこころのつながりを越えることはできない。

4／30 Wed
ふみねが新体操してるのを見てると、とてもいやされる。

スゴイ笑顔で一生懸命!!　見ならわなきゃ。
笑顔で一生懸命!!　感謝です。ふみねに……チチに……そしてえみるに!!

5／2　Fri
全盲の女の子の番組を見た。
あんな強くてあったかい母親にならなきゃ!!
今日も良く動いてる♡
こころに会えるのを楽しみにしているヨ!!
だから安心して元気に生まれておいで!!

ふみねの将来、こころの未来

こころはその命で僕のこともしっかり励ましてくれた。ふみねとこころの将来を思い、僕なりに悩んだり考えたり。こころの青年期以降の問題なども考えなければいけない。問題は山積だけれども、将来が暗いとはなにひとつ思わなかった。

5／5　Mon

今日は子供の日。
来年になったらかぶとと鯉のぼりを飾るようになるんだなあ。
うちはおひなさましか飾ったことないし……。
楽しみに待ってるヨ!!　こころ、元気に生まれておいで!!

5／9　Fri
斎藤先生にお会いしてお話をした。
松田先生の方のエコーも今の所問題無し!!
ゆっくりゆっくり明るい気持ちで楽しく生きていこう!!
ふみね、愛してるよ～～♡　としつこい位に言いながら♡
えみる～～♡

こころが生まれた後の医療的なこと、経済的なこと。もしも僕たちが働けなくなった頃、ふみねは何歳で、こころは何歳で…と何パターンもシミュレーションするが、人生の計画としてやはりすごく不安があった。けれど、その子と僕たちの人生設計をちゃんとして「父親としてやれるだけのことはやっておかないと」ということが僕の中では、すごく大きかった。

これまでは常にどこかでえみるとの思い出ばかり追っかけていた僕がいつの間にか「未来」に目を向けていた。

５／14　Ｗｅｄ
昨夜は障害のある子のケアをする夢を見た。

どんな症状で産まれて来てくれるか分からないけどハハは楽しみにこころを待ってるよ!!

チチとふみねとそしてえみると……

えみる!!　会いたいよ〜

５／16　Ｆｒｉ
町田で障害児の代表をしていてダウン症のお子さんのお母さん、Ａさんとお会いした。
たくさんの愛情をかけて育てていけば本当にやさしくて素直に育って行くという事、他にも体の事、色々おききした。
私も楽しんで前向きにこころを育てて行こう!!

5／17　Sat
えみるの月命日。
いつかえみるに会えた時……「がんばったネ!!」って言ってもらえる様、笑顔でがんばる!!

将来起こりうる病気のリスクを考えながら、改めてこころが幸せに生きるにはどうしたらいいのか、ふみねに負担をかけないようにするためにどんな環境を残してやれるのか、まだまだ心配はつきないけれど、気がつくと一時は「人生どうでもいいや」と思ってしまった自分が今は「人生、どうにかしなきゃ」に変わっていた。

5／19　Mon
ダウン症の本を買って来た。
最近は不安はあるけど前よりもっともっと楽しみな方が大きくなって来た。大丈夫!!

5／23　Fri
こころがどんな体調で生まれて来てくれるか分からないけど、ちゃんとしっかり一緒に生きていくからネ。えみるの最後一緒に頑張ってあげられなかった分も、どんな事があっても一緒に!!　だから安心して産まれておいで!!　待ってるネ

どんどん身の回りにブルーの小物や、男の子の赤ちゃん用のグッズが増えていく。こころの成長を考えるほど、五年後、十年後の未来に目が行き、将来を考える時間が増えてきた。決して楽しいばかりの計画とは言い難いけれど、その時間はえみるを失った「過去」にしばられることは無かった。

５／27　Ｔｕｅ
保育参観!!　ふみねがとてもステキにお姉さんしてました♡　静かなトーンで繰り返し何度も何度も同じ事を発達障害の子に教える先生を見てとても勉強になりました。あせらず楽しんで繰り返し繰り返し……

５／30　Ｆｒｉ
今日は検診!!
特に異常なし!!　きちんと心音も聞こえてました♡

がんばれ！　がんばれこころ♡

こころのことを考える時間だけ、初めてえみるの過去を忘れた。未来に目を向けるきっかけを作ってくれたのはやっぱりこころなんだろうか。
それともえみるなんだろうか。

案ずるより産むが易し

6／5　Thu
周りの皆のおかげで…支えられて頑張って行けてるネ。
えみるの事……こころの事……前向きに……笑って!!
きっと大丈夫!!　きっと!!　案ずるより産むが易し!!

6／6　Fri
お友達のもえちゃんとなおかちゃんが来た。
とってもウレシそうなふみねを見てると幸せになる。
えみるもいたらもっともっと幸せなのにナ……心から幸せなのに……でもがんばるゾ!!

えみるにほめてもらえる様に一生懸命生きなきゃ!!

6／8　Sun
今日はとうさん（注・風見さんの父）のいる施設へいった。
車イスに座って、とても元気そうに笑ってた♡
こころが産まれたら連れて来るからネ!!
障害あるけどがんばって元気に育てるから……
喜んでネ!!　とうさん!!

この頃から、妻の尚子は心配そうな表情を一切、見せなくなった。ただ、僕もそうだけど、「育ってくれるかな」という不安はあっただろう。でも、障害がある、なしにかかわらず新しい命が生まれてきてくれることを何より楽しみにしていた。こころに感謝している。

6／10　Tue
ふみねと歩いて帰って来た。歌いながら色々なお花をみながら……えみるが毎日歩いた道……

こころも一緒に歩こうネ!!　皆で手をつないで……

6／12　Thu
おなかが目立って来て、皆におめでとう……と言われる事が増えて来た。
こころもよく動いてる。どうか元気で……元気で産まれて来て……!!
皆で待ってるヨ!!

6／14　Sat
父親参観日。チチとふみね、2人で行った。
とても2人ともうれしそうだった。チチは嬉しくて泣いていた。
こころも元気に幼稚園に行ける様に!!　元気に元気に!!

その後の検診では異常なし、こころは順調に育っていた。ふみねもゆっくりお姉さんになり、お友だちのおうちに初めて一人でお泊りできるようになった。その日は嬉しいやら寂しいやら不思議な気持ちだった。

６／17　Ｔｕｅ
お腹がよくはるけどこころ！　苦しくないですか？
元気に体作ってますか？
チチもハハもふみねもそしてきっとえみるも心から楽しみに待ってますよ!!

６／18　Ｗｅｄ
広島へ。皆でお墓参りに行った。
チチの妹のみほちゃんが「こころはえみるの気がする」と言ってた。えみるが戻って来てくれるのかな……？
でもどっちにしてもこころ!!　大事に大事に守るからネ!!

６／20　Ｆｒｉ
えみる元気にしてますか？　困った事はないですか？
私はえみるがいつもいてくれるって……ただちょっと会えないだけだって思い込んで何とか頑張れてます。私が元気で笑っていないとネ!!

こころの障害は、将来の家族の関わりについてすごく考えさせてくれた。僕は僕で、こころは男の子だから仕事とかのサポートをこういうふうにしてやりたいとか、ハハはハハでふみねにどう伝えて弟との関係をうまくつくってやればよいかなど、みんなで真剣に話し合う時間が増えた。

じぃじもばぁばも全力で応援してくれた。いつの間にか家族全員が「こころ」という「未来」に向かって歩いていた。

6／24　Ｔｕｅ

病院に行って検診の結果、こころのお腹に腹水がたまっているとの事。

これから色々調べていく。

十二指腸閉鎖かも？　との事。これから特に胎動に気をつけないと……

6／25　Ｗｅｄ

気にしすぎのせいか胎動が少ない気が……がんばれ!!　がんばれこころ!!

何をどうしてあげれば良いのかナ？　がんばれ!!

６／26　Ｔｈｕ

松田先生、斎藤先生からお電話を頂いた。

前みたいに胎動を感じられない……

こころ!!　チチとハハ、ちゃんと一緒だからネ!!

がんばれ!!　がんばれ!!　がんばれ!!

ハハは君に会いたいヨ!!

えみる、こころ、いつかまた会おうね

妊娠から八か月目に、お腹のこころの様子がおかしいので夜、緊急で病院に行くと「胎児のお腹に腹水がたまっています」と告げられた。それから二日後の六月二十七日、再び胎動に異変を感じた妻は夜ひとりで病院に向かった。

エコーで調べると、こころの心臓は止まっていた。先生も最後の最後まで全力で対処してくださったが……。子宮内胎児死亡……。帝王切開をして取り出すか、その後をどうするかという話になった時、妻は溢れる涙を流しながらも毅然と言ったそうだ。

「無事に生まれてこなくても、ダメでも産みます。私は母なので」

麻酔をかけて外科的な処置だって選択できる中で、妻は通常分娩を選んだ。親子の共同作

業を全うしてやりたいというハハの願いだった。「えみるの時は最後何もしてやれなかったから、苦しくても今度は一緒に頑張る」こころに障害があることがわかったときのハハの言葉が心に響いた。連絡を受けた僕も仕事を終えると脱兎のごとく現場を飛び出し、病院へ駆けつけた。

ベッドに横になっていた妻は、僕の顔を見るなり涙を流し大声で泣いた。

「ごめんね。こころが……」

「いいから。大丈夫だから」

そしてそのまま病院に一泊して、翌日分娩が行われることになった。陣痛誘発剤を打って、陣痛が来る。えみるやふみねのときと同じように分娩室に入っていく。痛みに叫び声をあげながら、妻は泣かないこころを産んだ。今にもオギャアと泣き出しそうな顔をしているこころはまるで生きているようだった。

7／3 Thu

6月27日にこころが心配で夜病院へ行った。おなかの中で……こころの心臓は止まっていた。悲しくて悲しくて…大声で泣いた。チチが来てくれて、一緒に泊まってくれて、28日泣かないこころを出産した。ずっとずーっとそばでチチが支えてくれた。ありがたかった。生まれたこころは小さくて……とてもかわいくて、眠ってるみたいだった。抱きあげるとこわれてしまいそうで……泣きだしそうな程で……死んでしまっているなんて、とても信じられなかった。

かわいくてかわいくて愛しくてたまらない……

2日にお通夜をして夜はチチと私と……こころで寝た。

きちんとしてあげなきゃと思いながらもこころを手ばなすのが嫌で嫌で嫌で嫌で……でもずっとそばで手を握ってくれていたチチと寂しいのをがまんして耐えてくれているふみねが支えてくれていた。

こころ!!　天国には本当に優しくて面倒見の良いえみるがいてくれるから安心してお姉ちゃんに甘えるんだよ!!　えみる!!　こころ!!　いつか会える時までチチとふみねとハハと皆で仲良く一生懸命生きて行くから、ほめてもらえる様な生き方が出来る様頑張るから……見ててネ!!

そして、会えた時はいっぱいいっぱい抱きしめてチューしてネ
えみる!!　こころ!!　ありがとう……

いつか、いつか、
また会おうね。

出生届ではなく、死産届をもらって、葬儀の手配を行う。死産の場合、死後二十四時間経過していないと火葬が許可されないので、その日のお通夜は妻とこころと僕と三人で同じ部屋で過ごした。ふみねにはまた家族の死に直面させるのが不安だったこともあって、お友だちの家にお泊りに行ってもらった。そして翌日、小さな小さな棺《ひつぎ》に入れられたこころを見送り、骨壺を持って家に戻った。

釋慈光《しゃくじこう》。これが、こころの戒名だ。

えみるのときと同じお寺さんにつけていただいた。

えみるとこころ。

釋慈笑と釋慈光。

僕たちに笑顔をたくさん届けにきてくれた長女えみる。

僕たちに希望という光を届けにきてくれた長男こころ。

二人は今、天国で何をしてるだろう。

二人でさくらの花びらを集めて遊んでいるかな？

手をつないで落ち葉をわしゃわしゃふんで楽しんでいるかな？

ひょっとしたら天国のさくらは散ることがないのかもしれないし、葉っぱも枯れることはないのかもしれないけれど。

兄弟が欲しいと切望していたふみねの気持ちはどうだったのだろうか。ふみねに「お腹の子はちょっと病気しているんだよ」と伝えていたが、それでも生まれてくる弟をすごく楽しみにしていた。

「ハハ、こころどうしたの？」

「うん。なんか赤ちゃんの国に帰っちゃったみたいなんだよね」

「どうして？」

するとばぁばが

「ふみねお姉ちゃんにプレゼント持ってくるの忘れちゃったのかな……」

「そっか……」

弟が来ると思っていたふみねに「弟も天国へ行っちゃった」というのはちょっと言えなかった。

しばらくは「次はいつ来るの？」「忘れ物ちゃんと見つかった？」と聞いてきたふみねも、そのうちもう弟がやってこないことを理解したのか、そのことには触れなくなった。口には出さなかったものの、「ああ、わたしやっぱり、ちゃんと一人で頑張っていかないと」と小さいながらも覚悟を決めたのかもしれない。

「あの子は、私に勇気を与えるために、私のお腹の中だけにいてくれた……」とハハは振り返る。

「新しい命を感じさせてもらえただけで、どれだけ幸せな時間だったか」

すごく結果は悲しかったけれど、こころがくれた八か月間は、僕たちに未来のことを考える時間を与えてくれた。こころが運んできたメッセージは、同時にえみるからのメッセージだったような気がする。

「後ろばかり向いていないで、前向いて頑張りなさい!」と。

こころをきっかけに、障害をお持ちのお子さんを懸命に育てていらっしゃるお父さん、お母さんに出会えたことも大きかった。

その子たちもお母さんも強く強くそして明るく暮らしていて、こうして頑張っている方々がこんなにも大勢いらっしゃるんだと知ったことが大きな大きな励みになった。

こうして徐々に、「今、自分らが世界で一番苦しいんじゃないか」とまで感じていた気持ちが、いろいろな出会いや経験を通して、「ああ、ここにもこんなに頑張っている人がいる。ここにもいる」と、変わっていった。

僕らだけじゃない。みんな何か堪《こら》えてこんなに頑張っているんだということに勇気をもらった。

こころは残念な結果になったが、ハハと僕にとってとても大きな八か月だった。えみるが亡くなって一年くらいだったから、二人はどこかで、心の開いた穴を埋めてくれる存在を新しい命に求めていたのかもしれない。でも、たとえこころが生まれてきていても、多分、えみるの穴はえみるでしか埋まらなかっただろう。そのことを、僕以上にハハはわかっていた。

「私はふみねをしっかり育てる。えみるのことは、ほかに何を求めても、えみるでしか埋まらない。ジタバタするのはもうやめた」

そう決心した。

初めて、えみる以外のことをすごく考えた時間でもあった。こころは妻のお腹で八か月以上生きてくれた。それまでは、一日中、帰ってくることのない娘のことをずっと探して過ごしていた。答えが出るはずのない娘のことをずっと考えてばかりだった。

ふみねにもずいぶんと寂しい思いをさせてしまった。けれどそのふみねとこころの未来が僕たちを変えてくれた。

将来、僕らのほうが先に亡くなるわけだから、その後、ふみねとこころはどうやって向きあって生きてゆくのか。二人にどんな状況を残してやれるのか、ふみねもこころも幸せになれるだろうか、不安が大きければ大きいほど、そんなことばかりを考えていた。そんなとき、ふっと思った。「あ、今もまた、えみる以外のことを考えていた」

夫婦にとってこの八か月間がひとつの大きな転機になった。えみるのことに向き合って生きていくために、自分たちの未来と向き合うために、後ろを振り返ってばかりいた二人の背中をこころが押してくれた。

こころは僕らを強くして、そっと向こうへ帰っていった。

家族全員での最後の旅行となった広島の宮島。ふみねはねぇねと手をつないで幼稚園に行くのが夢だった。

第4章 えみるとふみね

怒らない、焦らない、泣かない

心の中では一緒に生きているけれども、えみるの姿が歳をとることはない。時間は確かに流れているけど、姿は十歳のままだ。たとえ、この先えみるが三十歳を迎えても、四十歳になっても変わることはないだろう。

子どもの姿のままずっと傍にいてくれる。そんなえみるの存在を今もいろいろな場面で感じる。

ふとした生活の中にえみるが蘇る。いつか見た風景の中に、懐かしい香りの中に、そして誰かが口にした言葉の中にも。

えみるがいなくなって、ふみねが口癖のように繰り返した言葉がある。

「怒らない、焦らない、泣かない」

たとえば、うちのマネージャーが、えみるのことをふと思い出して泣き出すと、傍に行って「怒らない、焦らない、泣かない」といって慰める。

当時三歳の子どもがなぜそんなこと言うのだろうかと不思議に感じて、ふみねに訊くと「ねぇねが言っていた」と答えた。

えみるは、はつらつとして元気だったけど、せかせかしているというよりどちらかというとのんびりしたマイペースな子だった。

何かを見つけると、登校中でも道端にしゃがみこんで動かなくなることがしばしばあった。

「何やってるの。学校に遅れるよ」

「見て。タンポポが咲いてる。かわいいね」

ほかにも珍しい蝶を見つけたと言っては追いかけて遠まわりしてみたり。アリの巣づくりが終わるまでえみるも付き合うと言ってみたり……。

家族で出かけるとき、たいていせっかちな僕が「早くしな〜っ！」と子どもたちをせかしていた。

「あと五分で出るよって言ったろ!! 何でまだ準備できてないんだよ!! 早くしろ〜」

「もうクルマにエンジンかかってるよ！」

というのが出かけるときの口癖だった。

そんなときえみるは、幼いふみねに向かって「焦って何になるのよねぇ？　焦らない、焦らない」と言っていたのだ。

それでもなかなか降りてこない子どもたちに向かって
「こらー！　もう置いていくぞ!!」

と僕はついに怒り出す。するとえみるは不安そうなふみねに「怒らない、怒らない」と語りかける。

こうして姉妹の間の会話が、ふみねの記憶に沁み込んでいって、小さなふみねの口癖となった。ふみねの言葉の中にえみるからのメッセージが届いたのだ。

いろんなものを通して届けられるえみるからのメッセージを受け取るたびに、「生き方が大事」なんだなというのを教わっている。

与えられた仕事のひとつひとつにもきっと意味があるような気がしてならない。なかにはきつい仕事もある。でも、ふとした瞬間、今この仕事にめぐり合ったのは、えみるが頑張れって言ってくれているんだなって感じると笑顔もでる。仕事だけではない、バスや電車に一本乗り遅れても「あ、きっとこれは乗るなってことだな」と思えばイライラも消える。ふみねの口癖になったえみるの言葉「怒らない、焦らない、泣かない」を噛みしめる。「えみるだったらきっとこう言うだろう」と思うことで、ハハもふみねも、励まされ、気づかされ、前を向くことができた。

死んだ人と夢で会えるというが、えみるはなかなか夢に出てきてくれない。だから、心の中で僕の方からえみるに話しかける。えみるの言葉が欲しくて、「お前、どう思う？」と、意見を聞いてみる。

するとそこではすごく「できたやつ」としてえみるは登場する。「そんな十歳いねぇぞ」そう思うくらいに、子どもの声、姿かたちのままで五十歳も過ぎた僕を諭《さと》す。そんな会話が今もずっと続いている。これからも続くのだろう。

ふみねとねぇね

ふみねは小さな頃からよく寝言を言う子だ。

「ねぇね、これ持ってて」など、はっきりした口調で言うので、えみるが夢に出てきてくれているんだなとうらやましく思うこともあった。

最近になって、

「ふみねがえみるを守るから！」

と言っていたのを聞いて驚いた。えみるの生きていた時間を、夢の中でも越えて、大きくなったんだなと思った。

えみるがいなくなったばかりの頃は僕も妻もふみねに対してすごく気を遣った。姉が突然いなくなったことを子ども心にどんなふうに感じているのか心配で、トラックに轢かれたという事故の詳細については一切話さなかった。ふみねも「ねぇねが死んじゃった」とは言うが、「どうして死んだの？」という質問を僕らにはしなかった。

それでも死に対する恐怖心は強く、ふみねは、何度も夜中に「うわーー!!」「やめて!!」と叫びだし、悪夢にうなされることが多々あった。どんな場面を想像していたのかはわからないが誰よりも死に対する恐怖心を持っていることが痛いほどに伝わってきたので、あのときの様子を伝えることで、現実としての恐怖を与えたくなかった。

けれど僕らがそうやって隠していても、子どもは知っていることを何でも話してしまう。お友だちから聞いたのか、誰から聞いたのか、ふみねは僕らが隠していたことを全部知っていた。

えみるの事故からほどなくして行われた親戚の法事で集まったとき、ふみねと親戚の女の子の会話が聞こえてきた。

「ふみねちゃん、そのクマさんかわいいね」

「ありがとう。これはワタシのねぇねなんだ」

「なんでお姉ちゃんがクマさんなの？」

〈あ、えみるのことを喋っているな……〉と意識を向けた時、ふみねはそれを話した。

「なんでお姉ちゃん死んじゃったの？」

「トラックに轢かれて死んだんだ」

ふみねはちゃんと知っていた。車に轢かれるということはどういうことなのか、どれほど痛いことなのか……どれほど怖いことなのか……小さな体で精いっぱい、恐怖と闘っていたのだ。


人がいなくなる恐怖も大きく、一緒にいる誰かの姿が見えなくなっても不安がり、どこへ行っても、ちゃんとみんながいるか、ことあるごとに確認をしていた。それは現在も変わっていない。

あのとき生まれた恐怖心や不安感は、九年経った今もなお、ふみねの心に居座っている。こればかりは、僕とハハがどれだけ心配したところで簡単には消えてくれないのだろう。

仏壇が家に来てから毎朝、起きてきてはすぐに仏壇の前に行って「チーン」と鐘をひとつ鳴らして「ねぇね、おはよう」と挨拶するのがふみねの習慣となった。出かける支度ができるとまた「チーン」と鳴らして「行ってくるね」。そして「ただいま」も「おやすみ」も欠かさない。少なくとも一日に五回は挨拶をしている。まるで同居している家族に話しかけるように。

「えみる……」と心の奥にいるえみるを呼び出すようにそれを行う大人たちと、ふみねのそれとは違って見えた。ふみねの場合、なんというか、鐘を鳴らせばスイッチが入ってぱっとねぇねとつながっているようだった。

大人のようにおごそかに手を合わせてということはなく、鐘の叩き方もまちまちだし、喋り方もお友だち感覚で、それまでの仲よし姉妹の会話はそのままだ。そんなふみねを見ているると、心底うらやましく思う。

「ふみねもずっとえみるのことを大好きでいてね」

二人は生まれる前から仲のいい姉妹だった。えみるは七つ年下のふみねの誕生を誰よりも心待ちにしていた。ハハのお腹の中に赤ちゃんがいると知ったときのえみるの喜びようと言ったら、盆と正月がいっぺんに来ちゃった、どころではなかった。

しかし病院で告げられたのはハハの卵巣に異常が見られるということだった。診断の結果は、卵巣嚢腫。診察してくれた病院ではこの病気を抱えての出産には対応できないということだった。

「母体そのものがあぶない」と告げられて、ショックを受けている妻から電話で報告をもらった。そして、その夜妻から一通の手紙を渡された。

万が一、出産の途中で自分の意識がなくなって〝お母さんの命と子どもの命、どちらを取るか〟ということになったら、迷わず子どもの命を取って欲しいといった内容だった。

「大丈夫だよ」それしか言葉が見つからなかった。

「とにかく、専門医に診てもらおう。その病院はダメって言ったかもしれないけど、ちゃんと診てもらわないとわからないよ」

不安を抱えながら、紹介された病院に行くと「大丈夫ですよ」という答えが返ってきた。軽い病気ではないけれど……「母体も大丈夫だし、赤ちゃんも元気な状態で生まれてくるように万全を期しますから安心してください」と先生はおっしゃった。

なによりも心強い言葉だった。ハハのほうを見ると、胸のつかえが取れたかのようにほっとした顔をしていた。この一言をもらうまでの時間、検査入院の一泊二日はハハにとって不安で不安で仕方がなかっただろう。検査結果が出るときにはえみるも一緒にいて不安そうに僕らを見ていたが、僕らの表情が変わると、えみるも安心したようににっこりと笑った。

結局、ふみねが生まれる前に一度入院をして、卵巣嚢腫を摘出する手術を受けることになった。ハハが何度も病院へ行くのでえみるはハハと赤ちゃんのことをたいへん心配していた。

いよいよ無事に生まれそうだと聞いたときのえみるの喜びっぷりといったら、盆と正月どころか、そこにクリスマスと誕生日、全部足したってまだ足りないくらい、あんなに興奮したえみるを見るのは初めてだった。

ハハのお腹をさすっては、「お姉ちゃんですよ」と声をかけたり、ハハを応援したり、マネージャーのようにかいがいしく世話を焼いていた。

いよいよ出産予定日。陣痛が始まったことをえみるとばぁばに知らせて、二人が病院にやって来たときには、陣痛はピークに達していて「もうすぐ生まれますよ」というタイミングだった。

えみるもがぜん応援に熱が入る。妻が喉が渇いたと言えば、さっとペットボトルにストローをさして差し出し、妻に飲ませながら「頑張ってね！」と励ました。

「いよいよです」と先生に告げられると僕らは分娩室の外に出た。看護師さんから病室で待機していてくださいと言われたのだが、えみるは分娩室のドアの前から少しも動こうとしなかった。

ハハと赤ちゃんが心配で、分娩室のドアに耳をあてて中の様子を窺っていると、ハハの悲鳴が聞こえてきた。

　僕には、それが一生懸命に新しい命を生み出そうとしている声だとわかるのだが、えみるはこれまで聞いたこともない苦しそうなハハの声に大きなショックを受けた。大粒の涙を流しながら僕に、

「ワタシお医者さんにやめてって言ってくる！」

「ダメだよ、そんなことしたら」

「だってハハがあんなに痛がっているのに。もういいよ」

　でも……と泣き止まないえみるに僕は、「ハハは辛くてあんな声をだしているんじゃないんだよ」と説明した。

「あれはね、頑張っている声なんだ。生まれてくる赤ちゃんのこと愛してるよーって叫んでいる声なんだよ。おまえもあんなふうに生まれてきたんだよ」

「そうなの？」

「そうだよ。大変なんだから」

「ええ、じゃあワタシ赤ちゃん産むの嫌だなぁ」

　そんなやりとりをしていると、分娩室から「オギャー」という声が聞こえてきた。えみると僕は、ぱっと顔を見合わせた。

「今、声したな！」

「うん！」

えみるの涙がピタッと止った。

「よかったー」

そそくさと涙を拭いて対面の準備をするが、一向にドアが開く気配がない。

「チチ、赤ちゃん遅いね」

「そうだね。今頃体を洗ったり、へその緒を切ったりしているんじゃないかな……」

僕も少々心配になってきたそのとき、手術着姿の先生がドアの向こうから現れた。

「おめでとうございます。元気な女の子ですよ」と差し出してくれた先生の手を、僕より先に握ったのはえみるだった。

「ありがとうございました、ありがとうございました。妹をどうもありがとうございました」

満面の笑みだった。

こころの件で先生にお会いしたとき、「あのときのえみるちゃんの笑顔が忘れられない」とおっしゃってくださった。それくらい、ふみねの誕生をえみるは喜んでいた。

その後ももちろんえみるはふみねをとても愛し、かいがいしく世話を焼いていた。お風呂に入れてやったり、絵本を読んでやったり、お食い初《くぞ》めで手を貸したのはえみるだった。

ハロウィンでおそろいの衣装を着たり、おもちゃのスタンドマイクをはさんで二人で歌を歌ったり……。

ふみねにあてた三歳の誕生日を祝う手紙には、「幼稚園頑張ろうね、一緒にハハのお手伝いをしようね。えみるはふみねを大好きだからふみねもずっとえみるのことを大好きでいてね」と綴って妹を労《いたわ》った。

ふみねにとっては、えみるは今も昔と変わらないパーフェクトなお姉ちゃんなのだろう。しかし、そのお姉ちゃんの時間は十歳と十一か月で止まっている。

その完璧なお姉ちゃんだって叱られたり、失敗することももちろんあった。えみるが小学二年生のときのことだ。図工の時間に作った友だちの作品に興味を持ったえみるは「貸して」と頼んだのだが「ダメ」と断られてしまった。それでもどうしてもそのゲームで遊んでみたかったえみるは黙ってこっそりと持ち帰ってきてしまった。またこっそり返せばいいと思ったものの、その日は一学期の終業式。明日から始まる夏休みの間は学校に入れないから返せない……。自分のしたことの重大さに気づいたえみるは罪の意識に耐えかねて、そのことを告白してきた。僕も妻もこっぴどく叱った。

生まれて間もないふみねに、えみる、僕、ハハは満面の笑みを。至福の一枚。

「黙って人のものを持ってくるのは『泥棒』って言うんだよ。人のものを盗むのは絶対にダメなんだ」

すでに二年生、そんなことは誰に言われなくてもわかっているようで、えみるは火がついたように激しく泣き出した。あまりに深く反省しているようだったので、僕は「子どもの先輩」として過去の経験を話してやった。

「実はね、チチも子どもの頃、同じようなことをしたことがあった……」

えみるは涙を拭くと僕の顔を見た。

「隣の家の田中君っていう子のミヤマクワガタがどうしても欲しくて、黙ってチチが持っていたコクワガタと入れ替えたことがあるんだ。気づいた田中君が『ミヤマがいなくなった』というから、チチは『脱皮するとコクワガタになるのかなぁ』なんてとぼけて、嘘をついてしまったんだ」

「え……。チチ、それはいけないことだよ」

「うん。だからね、チチも思ったの『すごくいけないことをした』って。人のものを盗ってしまったうえに、嘘もついてしまった。だけど、チチは誰にも言えなくて、そのクワガタを返すことができなかった。だって三日後にそのクワガタは死んじゃったんだ。今でもすごく後悔している。だけどね、えみるのそれは『ごめんね』ってちゃんと謝って返すことができるでしょ」

えみるは肩の力が抜けたようだった。

「そうか、チチも悪いことしたことあるんだね」

「あるさ。でもいいんだよ。一番いけないのは、反省しないことなんだから」

「わかった！」

ようやく明るさを取り戻すとえみるは居ても立ってもいられないという様子でそのお友だちに謝りの電話を入れていた。

「えみるがやったことは悪い。でも、怒られるとわかっていたのに、正直に話したことは偉かったぞ」と褒《ほ》めてやると、次の日からは逐一悪事を報告してくる「ざんげの時間」が始まった。たとえば、床を傷つけてしまってクッションで隠したとか、壁紙を破ってしまったのをトートのせいにしたとか……。

「こらー！」

「ごめんなさい」

というやり取りがひとしきりすんで反省を終えると、えみるは思い出したように僕らにこう聞いてきた。

「素直に話したのに、褒めてくれないの？」

「……悪いことをしたのに誰が褒めるかー！」

在りし日

小学校で起こった牛乳瓶事件も忘れられない。周りを笑わせることが大好きだったえみるは、給食の時間に空の牛乳瓶を口に当てて中の空気を吸いこんで手をはなすという技を披露していた。思った以上にみんなの評判がよかったらしく、調子に乗って、

「こんなに長くくっつきます！」

とそのままにしていたら、唇の周りが内出血をおこして牛乳瓶の口の形が痕《あと》になってしまった。その姿はまるでコントに出てくる泥棒のようだった。

年頃の女の子だ。さぞ驚いただろうし、このまま消えなかったらどうしようと不安になっただろう。でも、えみるはその日の授業がすべて終わって教室を出るまで平気なふりをしてみんなを笑わせていたらしい。

そして帰り道に迎えに行ったハハの姿を見つけると、緊張の糸が切れたようにワーワー泣き出した。

「ワタシね。こんな口になっちゃって、ものすごく恥ずかしかったけど泣かなかった。ずっと笑顔のままでいたから」

家に帰ってきて、その話を聞いた僕はえみるのいじらしさに思わず泣いてしまった。その晩「明日から学校に行くの嫌だ」と言ったときは心配したけど、一晩寝て、痣《あざ》が薄くなっているのを見ると安心したようで、元気に学校に行った。その姿を見て僕は心底ほっとしたことをよく覚えている。

えみるは、人なつっこくって、物おじとは無縁で、自ら前に出て行くタイプの子だったので周りにはいつもお友だちがいた。

年上の子もいれば保育園の小さなお友だちも、当然男の子ともまぶしいくらい元気に遊んでいた。家の横の路地で陽が暮れるまで、時には暮れた後も、街灯の下でワイワイと賑やかに遊んでいた。その様子は、僕が子供の頃と少しも変わらない、懐かしい昭和の風景のようだった。そんな路地裏仲間に、近所のインターナショナルスクールに通うオーストラリア人の小学生の女の子、シンディーが加わった。自分たちが遊んでいるのを遠巻きに見ていたシンディーに声をかけたのはえみるだった。相手が外国の人であろうと、えみるはまったくお構いなし。

「見てないで、一緒に遊ぼうよ！」

その一言が始まりで、子供たちの歓声の中にときどき、英語が混じるようになった。文化の違いもあっただろうが、シンディーとえみるは息の合ったコンビのように見えた。ふたりは遊ぶときも真剣、喧嘩をするときも真剣そのもので、怒ったシンディーが英語でまくしてることもあった。

ある日、いつもは日本語で言い返していたえみるだったが、ふと何か英語で言い返してやろうと思ったのだろう。機関銃のように早口で英語を浴びせてくるシンディーに向かって思わず大声で叫んだ……。

「CNN　トーキョーーーー！」

その場のみんなは腹を抱えて笑ってしまった。衛星放送のニュースキャスターの締めのセリフ、それが当時のえみるの中で一番賢そうな英語だったのだろう。

その時ばかりは、さすがのシンディーも思わず吹き出して大笑いしていた。

だれかれともなく子供達の「CNN！　CNN！」の大合唱が始まった。

えみるの事故から数年が過ぎた頃、オーストラリアから一冊の絵本が送られてきた。

それは、高校生になったシンディーが学校の課題で手作りした、和紙を使った可愛らしい絵本だった。中には、日本の四季と日本の女の子の物語が英語で綴られていた。そして、そえられた手紙の最後の一文は……

We all miss you very much. I know you are in a better place.
I hope we will meet again someday, somewhere, somehow.
（すごく寂しいよ。でも、もっと素敵なところへ行ったんだってわかってる。また会いたいよ、いつか、どこかで……）
シンディーは、えみるが亡くなったことをオーストラリアで伝え知ったという。

小学五年生の頃、えみるは壁にぶつかっていた。人間関係という初の複雑な問題だった。女の子には目に見えない「グループの壁」というのがあるようで全員で仲良くというよりも、派閥というか仲間内のお友だちと仲良くするというのが暗黙のルールとなる。けれども、どのグループにも属さず、天真爛漫《てんしんらんまん》に誰とでも遊んでいたえみるはそのルールに気づくのが遅れて、自分がどこにも属していないという状況になってしまったのだ。

そうなってくると、えみるの方から気軽に話しかけても向こうは連れない返事をしたり、よそよそしくされたりして、寂しさを感じているようだった。これまでも、お友だちと喧嘩をしたり、子どもなりの悩みはあったのだろうが、それは今まで経験したことのない大きな悩みだった。

大人への階段のワンステップと言ってしまえばそれまでなのだが、渦中にいる本人はどれほど辛かっただろう。それでも無理して笑っている子だったので、親の目からもかえって痛々しく見えた。

あるとき、えみるから相談を受けた。

「どうしたらいいかな。えみるのどこが悪いんだろう？　何を変えたらいいんだろう」

「友だち一〇〇人なんて言うけどさ、一〇〇人いたら、一〇〇人全員に好かれようなんて無理だよ。だいたい、大人になっても付き合いのある子どものときからの親友なんて、一人か二人いたらいいほうなんだから。もっと長い目でみてごらんよ」

無理して周囲に合わせなくてもいい。でも、無視されたからといって無視し返すのはやめたほうがいい。「やられたらやり返す」をしていたら本当に嫌いになって関係の修復が困難になる。「おはよう」とか「さよなら」とか「ありがとう」といった言葉はちゃんと大きな声で元気に笑顔で言うんだよ――。

そんな話をすると、逆にえみるに怒られてしまった。

「そんなの、やってみなきゃわかんないじゃない。私が変われば、周りの子だって変わるかもしれないじゃない」

と言うのだ。そんなつもりはなかったけれど、僕はえみるに「諦め方」を教えようとしていた。困難に直面したときの大人の折り合いのつけ方を。けれどもえみるは小学五年生の今に、「立ち向かう方法」が知りたかったのだ。

おそらくえみるは、誰も知らないところで、自分を変えようと努力して、でもうまくいかなくて……という葛藤があったのだろう。

ある日、ついにクラス全員の前で、号泣するという事件が起きた。どんなときも笑顔でいたえみるの我慢が臨界点を超えて、抑えていた感情が思いがけず解放されたのだろう。そのことがきっかけで、えみるも周りも変わった、と後に担任の先生から聞いた。

「うちのクラスは良いクラスだ。また行くのが楽しいや！」とえみるは笑顔で学校へ向かった。何かが吹っ切れたようなすがすがしい笑顔に、また頼もしくなったなと嬉しく感じた瞬間だった。

今では天国から僕らを明るい方へと導き、いつも僕らを励ましてくれる存在になったえみるだが、生きていたときは悩み立ち止まって、踏ん張っていた。えみるもまた完璧ではなく、少しずつ大人になろうとしていたのだ。

幼稚園の入園や小学校の入学は、先にお姉ちゃんのえみるが経験している。だけど、これからはえみるができなかったことがふみねに次々とやってくる。中学生になったふみねは、高校生や大学生になって、成人式を迎えて、いつか、ボーイフレンドだって連れてくるだろう。その瞬間、その場所での悩みなんていくつになったってあるものだ。悩みのない人生なんてない。生きているから悩めるのだと思えば、それもなかなか悪いことではないと思えるのだ。

ふみねの羅針盤

十二歳になるふみねには、どうやら思春期特有のイライラ期がきているようだ。

そんなに激しいものでないと聞いてほっとしているが、「きているようだ」というのは、ふみねは僕の前で不機嫌な顔をしないからだ。妻いわくどんなにカリカリしていても、僕の前では努めて普通にしてくれているのだそうだ。家族を何よりも大切に思うふみねは、友だちが親に悪態をつくのを見ると悲しくなってしまうのだという。

それは、いい子でいなければいけないというよりも、

「もし明日いなくなっちゃったらどうするの？　そんなこと言っていいの？」と、やはり、えみるのことが思春期の今でも頭をよぎるのだろう。妻は、「ちょっとキツイ言い方をしてくることもあるけど、私を信頼してくれてるってことだし。お、こんなこと言うようになったんだって、楽しくもあるんだよね」と言う。

女同士のつながりをちょっとうらやましく感じつつ、僕をうっとうしく感じるようにならないか正直心配している。いや、もうすでに僕の気づかないところでそんなときを迎えてい

るのかもしれない。

えみるは事故の直前まで一緒にお風呂に入ってくれていた。えみるが小学一年生の頃は、「チチのお嫁さんになる」と言ってくれた。今思い出しても笑ってしまうのだが、ある日真剣に困った顔をして腕を組んでいるので「どうした？」と聞いてみると、

「ワタシが大人になる頃、チチってすっごくおじいちゃんになってる！」

「えー！　歳の差婚でもいいじゃないか」

「うーん、それに……」

「それに？」

「ワタシと結婚したらハハはどうなるの？」

それが、えみるの二大問題だった。

「いいじゃん。ハハはお料理も上手なんだし、お掃除もできるし。よくやってくれるんだから、そのまま一緒にお家にいてもらおうよ」

それを聞いていた妻は即座に「私は住み込みのお手伝いさんか！」と、僕はえらく叱られてしまったが。

どのみち、ふみねにもチチより好きな人ができるのだろう。それもいい。

えみるのときは嫁に出すのはおろか彼氏なんて想像もしたくなかった。でも今は変わった。ふみねがいったいどんな人を好きになるのか楽しみでもある。えみるは一度も恋することなく天国へ行った。できればふみねには、素敵な恋愛を経験して欲しい。傷つく恋もあるかもしれない。それでもいい。そのときは痛みのなかに生きてることを感じて欲しい。そして、天国のねぇねに訊いてみるといい。

「こんなとき、どうすればいい？」って。

きっとえみるは明るくこう答えてくれると思う。

「次いってみよー！　次」

二人は生まれる前から仲の良い姉妹だった。ずっと、ずっと一緒にいたかった。

第5章
よつばとトートと、認知症の父

父のアルツハイマーのはじまり

僕の母そして父、二人の介護生活は足かけでいうと二十一年間に及んだ。両親ともに若くして介護が必要になるなんて思ってもいなかったが、今では僕ら家族にとってこの経験が必然のことだったのだと思えてならない。

二十四年前、僕の母は五十歳のとき、脳内出血で倒れた。くも膜下出血だった。意識不明の状態が数か月も続いたが、幸い一命をとりとめた。

意識ははっきりしてきたのだが、体が不自由になってしまい、車いすでの生活を余儀なくされ、介護が必要になった。

生まれ育った広島を飛び出して東京の大学に行ったと思ったら、勝手に芸能界デビューした自由奔放な息子。カッとなったら女性であろうとふっとばしてしまうような典型的な昭和のガンコ親父気質の父。その双方に挟まれながらも、文句を一言も言わずに応援してくれた優しい母。そんな母のために、何ができるか考え、親孝行をするのなら今しかないと僕は一時仕事をセーブして広島に通うようにした。

当時はまだ今ほど「介護」が世間に浸透《しんとう》しておらず、介護保険制度もデイサービスもなかったので、介護にかかる費用もすべて実費。介助も家族で行うのが当たり前という時代だった。

親孝行だなんて高尚な理由を付けて実家に戻った僕だが、実際にはすぐに音を上げてしまった。というより、何もできなかった。いくら親子だといっても、成人した大人同士。母が僕のオムツを換えていたのと、僕が母のオムツを換えるのとでは全く次元の違う話だった。母はそれを嫌がった。

結局、身の回りの世話に関しては妹にばかり負担をかけてしまい、僕はおろおろと見ていることしかできなかった。

そんな僕のジレンマを察知してくれて、駆けつけてくれたのが、当時付き合っていた今の妻だ。

いくら付き合っている彼氏の母親だとはいえ、いきなり最初から他人の下の世話など、そうそできるものではないはずなのに、彼女はそれらをいとわずやってくれた。

その姿を見ているうちに「この女性となら」と思ったのが、結婚のきっかけになった。

幸い母の病気も快方へ向かい、僕は仕事を再開することができた。それからは広島のテレビ局での仕事を増やしてもらうなど、事務所にも協力してもらい、毎週末、東京から広島に戻る生活を続けた。そのときは父もまだ五十五歳という若さだったので、平日は父が母を見るなど家族で協力し合えた。

介護される側ではあったが、僕らを一番支えてくれたのは母だった。リハビリのために膝のストレッチ運動をしていたとき、母は「私は幸せ」だと言った。「私ね、こうなってはじめて歩けることがどんなにありがたいことか知ることができたの」と打ち明けた。

その心の強さが僕らにはとてもありがたかった。

九四年、僕たちは結婚し、翌々年には初孫えみるの顔を見せることもできた。しかし、えみるが三歳のときに母は五十七歳で他界してしまう。

倒れてから六年。えみるにアイスキャンディーを食べさせてもらいながら「こりゃあ、いちばん美味しい」とほほ笑んだその日の夜のことだった。眠るように母は天国へと旅立って行った。

「人生、頑張らなくていいですよ」

母はそう言って亡くなった。あの言葉は、こうなることを見越していたのかはわからないが、今になってとても心に響いてくる。

父の様子がおかしいと連絡を受けるようになったのは、母が亡くなってから数年後のことだった。

「なんだかお父さんの様子が変なんじゃ。勘違いが増えてきよるで」

「えっ、そうなんですか？　歳も歳じゃけぇ、たまには物忘れもするんじゃろう」

地元の父の友人から連絡が来ても、僕は最初軽く受け流していた。

〈母親の介護もあったし、まさか両親ともに介護が必要になるわけもないだろう……。さすがに神さまだってそんなことしないよな〉

更年期の軽いうつ状態のようなものだろう、母を亡くして気落ちしているだけだろうと、根拠のない楽観視をしていた。

というのもその頃は、えみるが小学校に上がったばかりで、さらに、ふみねが妻のお腹の中にいた。環境の変化が目まぐるしく、正直、自分の家族のことで頭がいっぱいだった。

あのとき、もっと早く不安を持って会いに行っていたら、進行はもう少し緩やかなものになっていたかもしれない。そのことは、今でも後悔していることのひとつだ。

その頃の父は、行き過ぎた勘違いで、警察のお世話になることもあった。思えばそれが、徘徊のはじまりだったのかもしれない。

近所の駐車場で車の鍵をガチャガチャと回している父に警察官が声をかけた。

「おじいさん、何をしているんですか？」

「ちょっと、鍵が開かんもんで……」

父は鍵を回す手をやめない。

「これはあなたの車ではないようですが？」

「えっ!?　あぁ、すみません！　すみません！　同じ色の車じゃったけえ、つい自分のものかと」

父が開けようとしていたのは知らない他人の車だった。持ち主が警察を呼んだのだ。実際に調べてみると、父の言葉どおり、実家の車は同じ車種の同じ色だったので、その場は軽い注意にとどまった。

しかし、なじみの居酒屋に一日三回も四回も顔を出すなど、不思議な行動の頻度は日を追うごとに増えていった。

「なぁ、お前の父さん、ようわからんことばっかりしよるで」

電話越しに聞こえる友人の声のトーンが変わってきた頃、ようやく僕は

〈あれ、そんなに変わったのかな？〉

と思うようになった。

それでもまだ、生まれたばかりのふみねのことで頭はいっぱいだったのだが、とりあえず周りを安心させるためにも一度様子を見に行こうと、厳島神社へのふみねのお宮参りを兼ねて広島に戻った。

久々に会った父には、なんとも言えない違和感があった。

〈こんな目をした父は見たことがない……〉

朝食を食べながら、父は時間を確認する。

「今日のお宮参りは何時からだ？」

「十時だよ」

「ああ、十時か」

支度をしながら、親父はまた僕に話しかける。

「今日のお宮参りは何時じゃった？」

朝から五回も六回も繰り返される同じ質問。そのときにそれが普通の物忘れとは全く違うものだという確信に変わった。

父が知らない人になっていく

僕は地元で医師をしている親友に連絡し、父を診てもらうことにした。もちろん、アルツハイマーの検査だとは言えるはずはないので、健康診断のふりをして連れ出した。

「わしはどこも悪くない」

「いや、ちょっと、俺の方が調子がよくないんよ。オヤジもついでじゃけぇ一緒に受けんさい」

それでも渋る父を、なんだかんだとごまかしながら受診してもらった。

その後、親友の医師から検査結果が出たと連絡が来た。

「初期のアルツハイマーだ。いずれどんどん進行していくから、覚悟して欲しい」

「そんなばかな。うちの親父はまだ六十五歳だぞ……」

若年性アルツハイマー。予想外の方向から飛んで来たハンマーで頭をガツンと殴られて、目の前が真っ暗になった気がした。

「とんでもない重荷を背負ってしまったぞ」

正直、そう感じた。肩を落として家に帰る。父に気づかれないようにその顔を眺めた。

〈親父はこんなに元気じゃないか。症状がよくなるってことはないにしても、このまま止まってくれるかもしれない。きっと大丈夫だ。強かった親父にかぎって、そう、大丈夫だ〉

それから二週間に一度、広島に父の様子を見に行った。僕が行けないときは妻が。どちらも行けないときは、妻の両親がわざわざ栃木から行ってくれた。

でも、時間が経つにつれて、僕の根拠のない希望は打ち砕かれることになる。

帰るたびに、親父は知らない人になっていく。

診断から、数か月。様子を見に行くだけではどうにもならないところまで症状は進行していった。認知症とはどのように進んでいくのか、父とこれからどう向き合っていけばいいのか。強い不安に襲われて、食事も喉を通らなくなった。

〈どうしよう？　どうすればいい？　どうなる？　親父は一体――どうなってしまう？〉

ようやく介護保険制度が始まった時代。まだ認知症という言葉も浸透していなかった。あの時代の言葉でいうと父のそれは「ボケ」で、あんなに若くして自分の父親が「ボケて」しまうなんて誰が想像できただろう。

親父は何を望んでいるんだろう？
どんな介護をして欲しい？
どこからはして欲しくない？
誰にいて欲しい？　どこにいたい？

ゆずれないものは？　諦めるものは？

親父の幸せって何？

親父と向き合って、きちんと確認しておけばよかったと後悔した。父がそれまでの父でなくなる前に。

父は記憶をすぐになくしてしまうので、その日に言っていることと翌日言うことが違うことがままあった。だから、どれが本当に父の望んでいることなのか自信を持てなかったのだ。

僕が一番参ってしまったのは、母のことを聞かれたときだった。

「なぁ、母さんはどこに行った？」

そこらにちょっと買い物に出ているかのように訊かれて、面食らってしまった。

〈嘘だろ……。そんなことまで忘れちまったのかよ、親父……〉

どう答えていいのか対応に迷う。けれど、これは納得してもらわないといけないと思ってそのときは正直に話した。

「母さんは……亡くなったじゃろ」

「えぇ!?　母さん、死んだんか!?　いつ!?」

「……三年前」

僕の言葉を受けて、父は泣いた。父にとって母の死は「今」起こったことなのだ。

そして翌朝、また僕に訊く。

「なぁ、今日、母さんは?」

僕は良かれと思い、亡くなったことを告げる。すると父はまた泣いてしまう。

〈あの強かった父がこんな風に泣くなんて……〉

僕はわからなくなってしまった。真実を告げないほうが父のためなのか――。

父は昭和の男だ。そういう気質もあってか、人の世話になるような話は嫌がった。

「どんな介護をして欲しい?」と聞いていたとしても、「何でわしが人の世話にならんといけんのじゃ!」と取り合ってくれなかったかもしれない。

父の経験から僕が思うようになったことは、これからの我々の時代、介護の話は親の方から子どもにするべきだ、ということだ。

「もし介護になったらどうして欲しい?」と、子どもに言われて焦らない親はいないだろう。子どもの側からしても、縁起でもないし、失礼だとも思う。軽い気持ちで切り出せることではない。だから、冷静に話せるときに、元気なうちに、もし後を継いでくれるお嬢さんや息子さんがいるのなら、ぜひ積極的に将来の話をして欲しいと思う。子どもに希望を伝えておくことが、僕たちの時代は親としての義務でもあると思う。

認知症が進んだ父親に「なあ、どう思う?」「これでいいか?」と聞いても、返ってくる答えが本当に父の言葉なのか、最後まで確信を持てなかったのは本当に辛いことだった。

罪悪感

介護保険制度を利用するには、要介護認定を受ける必要がある。要介護度はその人がどの程度の介護を必要とするのかで区分される。具体的には、寝たきりや痴呆などで常に介護を必要とする要介護状態と、家事や身支度などの日常生活のサポートが必要な要支援状態がある。

これらはさらに介護を要する時間ごとに基準が細分化される。父はアルツハイマーだと診断された時点で要介護度「２」で徘徊の兆候が見られた。そしてそこから、年を追うごとに要介護度は「３」「４」と上がっていった。それは、誰かの助けがないと日常生活を送るのが難しい状態というレベルだ。

広島を離れたくないという父の希望と、環境が変わると症状の進行が早くなる可能性もあるという介護の専門家の意見もあって、発症して一年ほどは在宅介護を行った。しかし、要介護度が上がると、迷子になる可能性、火元の問題、車を運転しようとする問題、昼夜逆転、幻覚、幻聴と二十四時間体制で見守りが必要になってきて、地元のグループホームに入所してもらってはどうかということになった。

身内のことは、すべて身内で面倒を見るべきではないかという罪悪感のようなものもあったが、「グループホームはまだ〝自分〟が残っている人たちが共同で助け合いながら、二十四時間スタッフのサポートも受けられるから安心ではないか」という医師のアドバイスもあって、プロに任せることを決めた。

しかし、ホーム探しは難航した。他の入所者さんたちと比べても父は若く、体力がある。暴れられると女性のスタッフでは対応しきれないということも断られてしまう原因のひとつだった。

入所の前日、父に「何が食べたい？」と訊いた。

「すき焼き」

「いいね。すき焼きにしよう」

その夜は僕と妻、妻の両親、えみると生まれたばかりのふみね。みんなですき焼きを食べた。

次の日、今日からホームに入所するなんて意識の無い父の姿を見ていると、昨夜の夕食の光景が浮かんできた。

〈またこの家で親父とすき焼きを食べられる日はあるのかな……〉

僕の心はまだ迷っていた。父を連れて行くのは本当に今日でいいのか。ひょっとしたらあと半年くらいは、こうしてみんなで食事ができるのではないか。ホームに向かう時間が近づく。そしていよいよ家を出るというとき、突然閃《ひらめ》いたように親父が言い出した。

「わしが運転する」

「ダメじゃけぇ」

父の手には車の鍵が握られていた。

「運転する」

「ダメじゃ」

その手から鍵を取ろうとすると、父の目の色が変わった。

「何をするんや！　わしが運転したいときにわしの車を運転して何が悪いんや！」

続けて父がまくしたてる。

「何でわしの鍵を取りあげるんや！　鍵を渡せや！　運転がしたいんじゃけぇ、させぇや！」

「絶対にダメじゃ！」

「何でや！」

そんなやり取りをしているうちに、すっかりわからず屋になっている父に僕も本気で腹を立ててしまった。そして鍵を奪い返そうとむかってきた父を羽交い絞めにすると、そのまま車の中に放り込んだ。

「うるさい！　たまには子どもの言うことを聞けや！」

すかさず妻が車の中に入って内側からロックをかけた。妻が父をなだめているうちに僕は荷物を取りに戻った。車に戻ると、父はすでに落ち着いていて、さっきまで火がつきそうな勢いでケンカをしていたことなどすっかり忘れていた。

〈親父が家を出る最後の瞬間に、親子喧嘩なんかしてしまって……。親父に悪いことしちゃったな……〉

その罪悪感を帰りの車の中で吐露すると、妻はおそらく僕の母が背中を押してくれたのではないかと言ってくれた。

「そうじゃなきゃ、『やっぱり今日入所するのはやめて、もう一週間延期しよう』って言い出していたんじゃない？」

同乗していた妻のお父さんも、「大丈夫だよ。私がそうなったときは、同じようにしてくれていいから。お父さんも同じ気持ちだと思うよ」と慰めてくれた。

グループホームでの生活が始まって間もない頃。

父に会いに行くと、いつもどこか不満げな顔をしていた。報告していただく話を聞くと、サービス等に不満な様子はないのだが……。

あたりを見渡して、僕ははっとした。六十代の父はホームの中で抜きん出て若かったのだ。僕らの世代には七十歳も、八十歳もそんなに変わらないように見えるが、父からしてみれば自分の父親・母親世代の人たちに見えたのだろう。

「なあ、どうしてわしは、こんな年寄りばかりのところにおるんや」

「そんなことないけぇ。気にしんさんな」

これには、どう答えていいか困ってしまったのだが、父のケアをしてくれた方の対応が素晴らしかった。

「あら、社長。今日は息子さんが来てくれとってん」

「おう」

たちまち父が笑顔を見せる。昔、地元で鉄工所を経営していた父は、いつの間にかホームのスタッフさんや入所者さんたちから「社長」と呼ばれるようになっていた。そう呼ばれると、当時の自分にもどるのか、介護されている側なのに「どうした、どうした？」なんて、まるで自分がその場を仕切っているかのように、心の元気を取り戻したのかもしれない。

しかしそこでの生活も症状の進行とともに難しくなっていった。

変わりゆく父を否定しなかった

入所から二年ほど経った頃、父は急激に体力を落としてしまった。少し回復して、また弱ってということを繰り返すうちに、回復の上がり幅も徐々に小さくなっていった。

それが東京に連れて行くきっかけになった。かろうじて自分の暮らしている場所は認識できる父を元気なときに突然、東京に連れ出せばパニックや強い不安を与えてしまう恐れがあった。しかし、体力が落ちているそのときであれば、回復とともに環境にもゆるやかに適応できるのではないか、今が逆にチャンスかもしれないという親友の医師の助言が後押ししてくれた。

東京での父の転居先を探すのも難航した。ここでも、実の親なのだから、自宅で介護をするべきではないかという迷いもあったが、要介護度が「5」の手前までできていた父を東京の住宅事情に当てはめるには無理があった。介護は自己満足で行うものでもない。

それに、「うちのじいちゃんは本当に大変だった……」なんて孫に思われるのは、父がいちばん望まないだろうと思った。「本当に優しいじいちゃんだったね」と最後まで思われるほうが喜んでくれるのではないか。そう思い直し、やはり介護のことはプロに任せることにした。

引っ越しに関して、一番気を遣ったのは環境だ。東京のビル群の中よりも、広島の地元のように緑の多い環境で過ごして欲しいという思いがあり、関東一円さまざまな施設を見て回った。見学にはえみるもついて来てくれた。何の計算もないえみるは「ここはちょっと雰囲気が暗い」などといった子供なりの率直な感想を口にする。

ある日、千葉の施設へ行ったとき、「ああ、ここは明るくてきれいでいいなあ！」とえみるが言った。

そこは、敷地が広く、徘徊してもスタッフが後に付き添ってくれるし、何よりまわりを山と畑に囲まれた、流れる時間や風のにおいにどこか、広島の家を感じさせてくれる懐かしさがあった。「ここで、じいちゃんと遊ぼうか」と言うと、えみるは元気に「遊ぼう！」と答えた。孫が遊びに行ってもいいよと言える雰囲気も決め手となり、そこにお世話になることとなった。

二〇〇六年、八月。父が広島からこちらに移ってきたのは、えみるの事故の半年前だった。えみるが太鼓判を押したその場所は、正解だった。

まず、移動には車いすを使用していた父が、数か月すると自力で歩けるようになった。体力がメキメキ回復し、うつろだった瞳にも力が入った。孫の顔を見ると笑顔を見せたりもした。

お友だちと遊びたいという気持ちもあっただろうが、えみるは嫌な顔ひとつみせず、毎週末、父のところに付き合ってくれた。ふみねも同様にニコニコとついてきて、それは僕らの家の週末のスタイルになった。

落ち着いた環境で、孫に囲まれて父が笑う。僕らなりの父との付き合い方が見えてきて、アルツハイマーの診断から、お先真っ暗だと思っていたところに、ようやく光が差してきたように感じていた。父と遊ぶえみるとふみねを見ていると僕の中にあった罪悪感も薄れていった。

しかし現実には、体力が回復したといっても、進行は止まらない。その頃には、すでに父は人の判別も難しくなっていた。僕のことを、僕だとわかるときもあれば、自分の弟だと思ったり、取引先の社員だと思って話しかけてくることもあった。言葉もだいぶ聞き取りづらくなっていたが、そういうとき僕たちは否定せずにできる限り付き合うことにした。

「お前のところの会社は……」と説教を始めれば、「すみません！　頑張ります！」と僕は取引先の若い社長になったし、妻を行きつけのスナックのママと間違えた時は、妻が「最近、社長さん来てくれないんだから」とママになりきったりしていた。それにはえみるも腹をかかえて笑っていた。

徘徊も同じように否定しないように心がけた。僕らからしてみれば「フラフラするなよ」とか「迷子になるじゃないか」と面倒や心配に感じられることなのだが、本人にとっては何か目的を持って行っていることだ。それを「ダメだ」と否定されたら、頑《かたく》なになって心を閉ざしてしまう。だから、できる限り否定をしないことと、褒めながら止めることを心がけた。褒められると、頑張ろうという気持ちになるのか、僕たちの方から「ありがとう。よくできたね。ありがとう」と声をかけると「うん、うん、うん」と嬉しそうにうなずいていたのが印象的だった。

僕が最初にお医者さんに言われたのは、徘徊も本人にとっては、徘徊ではなく目的があって歩いているということだった。それを止められると「なんでダメなんだ」と怒る。しかも悪いことをやってる罪の意識は一切なく、正しいと思ってやってることを「ダメだ」「何やってるんだ」「やめろよ！」などと言われると、誰だって腹もたてれば、文句も言いたくなるだろう。

「本人は全部正しいと思ってやっているってことが、なかなか理解できないだろうけど、『そうなのか』と頭のどこかで思っといてあげてね」

というのがその親友の医師からの助言だった。

なかなか最初はそれができなかった。逆に親子だからこそ、喧嘩になったり、自分が全部面倒見なくていいのかよという後ろめたさも強かった。また親子喧嘩になって、自分の父を後ろから羽交い締めするときの、「俺は何をやってるんだろう」と思うそっちの悔しさもあり、当初はずいぶん悩んだ。

その後、父はだんだん声も弱々しくなり、口数も少なくなっていった。そんな中でも、不思議なことに、えみるやふみねの顔を見ると、自分との血のつながりを感じるのか、瞳の奥に温かな色が挿《さ》し、にこっとほほ笑んだりしていた。

記憶があいまいになる前から、父は孫が大好きだった。広島に帰るたびに、えみるに女の子の好きそうなお菓子の詰まったリュックサックを買ってあげたり、えみるがおいしいって言うと、フグ料理屋に何度も連れて行ったり。

「親父、あんまり甘やかすなよ」と僕が言ってもやめなかった。

「ええじゃないか、かわいい初孫なんじゃやけぇ」

親バカならぬ、おじいちゃんバカというくらいに、孫を溺愛《できあい》していた。

尊厳と看取り

今になって、ひょっとしたら、父が認知症になったのは、神様の優しさなのかもしれないと思うことがある。えみるが事故に遭って亡くなった、と知らせていたら、父は僕以上に耐えられなかったかもしれない。大好きな孫が自分より先に逝ったことを知らずに済んだのは、父にとっては不幸中の幸いではなかったかと思う。それでも……。

えみるの事故があった日。父が入所していた施設では、スタッフさんが「わからないといっても……」と、父の周りでは絶対にテレビをつけないように、情報が耳に入らないようにと配慮してくださったそうだ。

ワイドショーでは事故のことがくり返し取り上げられたようだったし、僕も当日はそれどころではなかったので、この心遣いには深く感謝している。

しかし後日、介護を担当してくれていた女性スタッフさんが、「あのときは、本当に不思議だったのですが……」とその日の父の様子を教えてくれた。

いつもなら大広間で他の入所者の方と一緒にいる父が、ふと思い出したようにすっと立って自分の部屋に戻って行く。珍しいなと思ってその後をついていくと、部屋の中でひとり泣いている。

「大下さん、どうしたんですか」と訊くと涙を流しながら「かわいそうなことをした」と、たった一言答えたのだそうだ。

〈もしかしたら、事故のことをわかっているのかな……〉

落ち着くまでそっとしておこうと思ったら、五分も立たないうちに、いつもの何もわからない状態の父に戻って部屋から出てきたという。

僕には、その一瞬が、孫への深い愛情の証に他ならないと感じられた。

その後もときどき「えみるが遊びに来た」なんて言って、父は僕たちを驚かせた。えみるじゃない違う子を見て、そう勘違いをしたのかもしれない。それでも、父のそんな言葉や態度に癒されたりもした。

事故のことを知らない父は、えみるが生きていると信じて疑っていない。あまりにも穏やかな言葉で話すものだから、「なにバカなこと言ってんだよ」という気持ちよりも、素直に「ああ、そうかぁ。えみるが会いに来てくれたか。よかったな」と思えたのだ。

えみるを失って以来、父が認知症になったことに対する考え方も変わった。あれほど重荷に感じていたことが、「大丈夫。えみるに起こったことを考えると、父に起こっていることは大丈夫、どうにかできる」と思えるようになったのだ。

どんどん記憶をなくしていく父に代わって、ヘルパーさんに父の好みや性格を詳しく伝えるために、僕らは、父のことを深く知る必要があった。細かい情報があるほど、介護を行いやすくなるからだ。僕は父が学生の頃に使っていたノートや、昔から大事にしていたアルバムを引っ張りだしてきて読んだ。写真に写っていたのは、寄り添ってほほ笑む若い頃の父と母と父のスクーター。

「親父、お袋とのデートはスクーターだったのか……」

そこにはまだ僕が生まれるまえの父と母の姿。不思議な気持ちになった。父が記憶をなくしていくほど、反比例して僕には父の記憶が増えていく。あんなに強くて、家の中では誰も逆らえなかった父が、小学生の頃は小柄でいじめられっこだったこと。亭主関白風を吹かせていたけど、誰も知らないところでは後生大事に母が女学生だった頃の写真を持っていたこと。

「なんだよ、なんだかんだゆうても、やっぱりお袋のことが大好きじゃったんじゃ」

アルバムやノートを眺めながら、僕はふと「もし……」と思った。父が認知症になってなかったら、僕はここまで父と向き合えただろうか。ここまで父と母の昔のことを知ることはなかっただろう。

息子の役目としての介護は行っていたつもりだったけれど、まだどこか認知症という現実から目を反らしていた部分もあった。罪悪感といいながら、いまだに重荷とも思っていた。

「これからはじいちゃんのこと、前向きにとらえて。じいちゃんがこうなっていなかったら、これだけ家族と向き合っていましたか」

と、えみるに言われた気がした。

要介護状態になると、介護をする側が「大変だ」なんて言うけれど、生きるのがいちばん辛かったのは誰よりも父のほうだったと今ならわかる。記憶がどんどん失われていく恐怖、不安は想像しただけで恐ろしくなる。体も思うように動かなくなっていく。父はどれほど辛かったことだろう。誰も知らない胸のうちでは、大好きな母や孫に早く会いに行きたいと何度も思ったことだろう。だけど、やっぱり父は強かった。僕たちのためにも「まだ行けない」と踏ん張った。

「こいつらがこんな状態のときに、わしがそっちに行けば、こいつらはダメになる。頑張れよ。負けるなよ」そんなエールを送ってくれていたのではないか。

いよいよ体が持たなくなると、父は病院に移ることになった。最後は介護ではなく病気の治療という意味での入院になった。そこでは寝たきりの状態が十か月ほど続いた。声もますます弱々しくなって、会話もできずうなずくことすら難しくなっていた。

固形物がのどを通らないので、食事は鼻からチューブを入れて流動食を流し込む。

「えみるに会いたいんじゃないか？　もうお袋に会いたいんだろうなぁ……」

痰も飲みこめなくなるほど弱った父は、少しでも痰が喉に絡まると「ああー!!」と苦しそうにして、吸引が必要になる。

吸引を行うために、僕たちが父の体を押さえつけると、苦しそうにもがく。それが一日に何度も続く。僕だったらきっと「もういいだろう、えみるに会いにいかせてくれよ……逝かせてくれよ」と思ってしまうだろう。

「じぃちゃんと遊ぼう」それが僕たち家族の週末のスタイルになった。

なぜ父はそこまで耐えて生きてくれたのだろう?「生きている」というより半《なか》ば無理して「生かされている」ようにさえ見える状態で、そこに何か「希望」はあったのだろうか。〈わしも頑張るから、お前たちも頑張りんさい。わしがこうなったのにもきっと意味があるはずじゃけぇ〉

父は僕たちのために「生き抜いて」くれたのではないかと思っている。

それが父の尊厳だったのかもしれない。

えみるの火葬を終えて骨壺に入ったえみるを胸に抱いたとき、僕の心は砕けていた。暗い闇の中に一人でいて、「一生その暗闇に包まれたままでいいや」と自棄になっていた。だけど、父には僕らしかいない。体を動かす気力がなくても、否応なしに動かさなくてはいけなかった。「苦しいから、辛いからもう無理だ。勘弁してくれ」と、僕が諦めたら父はどうなる? 認知症だからこそ、親父を一人ぼっちにはできなかった。

二〇一三年の十二月、父は七十六歳で天国へと旅立って行った。

僕たち夫婦、それにふみねは、前に向かってしっかりと歩きはじめていた。〈よし、もうええじゃろう。これならわしがいなくてももう大丈夫じゃ〉

認知症だと診断されてから十一年という長い間、よく頑張ってくれた。

父の棺の中に、父が大切にしまっていた日記やノート、おふくろの高校卒業アルバム、おふくろとのスクーターデートの写真など、見つけたもの全部を入れてあげた。僕らが取っておくより、「あれだけ大切に持っていたんだから、きっとずっと持っていたいんだろうな」と、妻と二人できれいに入れてあげた。

「これ持って、おふくろとえみるに会いに行きんさい」

と旅立つ父へ渡した。

情けない息子に、本当にいろんなことを教えてくれた父に心から感謝している。

こころの妊娠や、父との生活のほかにも、新たな命との出会い、僕たちの周りには「偶然」だけではないような出来事が次々と起こった。最初は意味が分からなくても、後になって「あ、これってもしかしたら……」と思うことが多々あった。たとえば、我が家に新しい命、よつばを迎えたときもそうだった。

幸せの「よつば」

ヨークシャテリア（ヨーキー）のよつばが我が家に来たのはえみるが亡くなって二年経った二〇〇九年（平成二十一年）の春の日のことだった。

よつばは、ハハがさらに元気になれるようにとえみるが逢わせてくれた小さな命だ。よつばを飼い始めてからいちばん変わったのはハハだった。

もちろんよつばはワンちゃんだし、えみるだと思っているわけではないけれど、でも、ハハも完全にえみるが自分のために遣《つか》わしてくれた、家族のために遣わせてくれたと信じている。

その頃、我が家にはトートという犬がいたが、それはえみるのワンちゃんだった。えみるが小学校に上がるときに、「なにが欲しい?」と尋ねると、「犬を飼いたい」っていうので、入学祝いに買ってやったのがミニチュアダックスのメスのトートだった。

えみるの「お世話もしつけも自分でやるから」という約束で飼うことを許可した。

ブリーダーさんのところへ行くと、「この子、オズの魔法使いのドロシーの犬に似てる!」と、えみるは一目散にボサボサの毛をしたトラ柄の子犬の側に駆け寄った。

メスのミニチュアダックスフンドの賢い顔をした子で、えみるにとてもよくなついた。ただ毛並みだけは、他の子とくらべてもとても褒められたものではなく、うす汚れたふうにも見えた。

〈えーっ!? よりによってその子かぁ……〉

と思ってみていると、ブリーダーさんが

「これはとても珍しい毛色で希少価値の高い子犬です。お嬢さん、お目が高い！」

「ねぇ、チチ！　この子がいい！」

「お、おう」

〈犬も見た目じゃないんだな……〉

こうして迎えた子犬にえみるは、ドロシーの愛犬と同じトートという名前を付けた。

トートは飼い主に似たのか明るく社交的で、すぐに家族の人気者になった。ただすごくよく食べ、すごくよく排泄することには困ってしまった。ダックスフンド界にも大食い選手権があったなら、間違いなくトートは女王になっていただろう。本当に食い意地が張っていて、あっと思った瞬間に僕の漬物までかじられていたなんてこともしょっちゅうだった。

えみるはトートをとても可愛がり、お風呂も、寝るときもずっと一緒だった。愛情いっぱいに育ったトートは毛並みも顔も美しい犬になった。

印象的だったのは、えみるがバーンッと指でピストルを撃つふりをすると、ごろんと転がって腹を出す芸だ。それを仕込むときのえみるのおどけたしぐさが忘れられない。他にも、よく家の中で歌って踊っていたえみるは、トートをファンに見立てては、前足を握り、「今日はワタシのコンサートに来てくれてどうもありがとう」と握手会ならぬ握足会をしていた。

えみるとトートの愛くるしい姿を今でもよく思い出す。

当然のことだが、ペットを飼えば、ペットのほうが先に天国に行く。僕も何匹か見送ってきたが、そのたびに胸を痛めた。けれども、その経験は、子どもたちに命の大切さや、命が失われたときの切なさを学ぶ機会を与えてもくれる。もちろん、一緒にいることで愛情や楽しい思い出も増える。だから僕は「死んだときかわいそうだからペットを飼うのはやめよう」ではなく「だからこそ責任を持って迎えよう」とえみると約束した。

けれど、トートよりえみるのほうが先に天国に行くことになってしまった……。動かなくなったえみると対面したトートは、そのまわりをグルグルと歩きまわってみたり、その匂いを嗅いでみたり、自ら転がってお腹を出してみせたり、いつものように遊んでくれるのを待っていた。えみるの「バーンッ」のしぐさをずっと待っていた。

誕生日

えみるがいなくなって何か月か経った頃から、トートはどんどんやせ細るようになった。どんなにエサを食べても太らず、まるで、成長を止めてしまったかのようだった。何度獣医さんに見せても、原因不明なもんだから僕らは困り果ててしまった。

ふみねにとって、トートは、えみるのワンちゃんだった。幼稚園に入ってちょっと大きくなると、「トートはねぇねから預かったもの。私も犬が欲しい」と言ってきた。僕は相性のいい犬がいれば飼ってもいいと思ったが、ハハは「絶対にダメ」と言って聞かない。

「二匹は、ダメ。一匹でも大変だし、命の大切さは重々わかっているんだから。これ以上増やすと責任持てなくなる」

「わかったよ。約束するから。見せるだけ。本当、見せてやるだけだから」

と僕が言うと、

「絶対にダメだからね。ふみねに上手いこと言われても、甘い顔して『いいよ、買ってやるよ』とかって絶対言っちゃダメ。私は絶対許さないから」

と、釘をさし、それでもまだ信用できないのか、心配して一緒にペットショップまでついて来てしまった。

そして、店に入る前にもう一度「いいね、買いに来たんじゃないんだからね」と、ふみねにも釘を刺した。

ところが、店の中に入って二、三分してから、僕の肩をポンポンと叩いたのはハハだった。

「ちょっと、あの子見て」

ハハの指差す方を見たら、いっぱいいる子犬のなかで、一匹だけ起き上がってこっちをみている子がいた。ヨーキーの子どもで、

「ああ、かわいいね」

と答えると、

「誕生日、誕生日」

なんとその子犬はえみると同じ誕生日の二月十九日生まれだった。「おんなじ誕生日だ」ふみねも「ほんとだ、ねぇねと一緒だ」と言ってのぞき込んだ。可愛い瞳をしたその子にふみねが「ああ、この子がいい」と言い出した。

そのとき、不思議と、あとの子犬はみんな寝ていて、その子だけが起きて嬉しそうに短い尻尾を振っていた。しかし僕は、妻から「絶対にダメ」と言われていたから、

「いや、今日は、見に来ただけだし、ハハは絶対ダメって言ってるから。ね、今日はとにかく見に来ただけだから」

と諭した。

するとハハが
「そうだ、この子にしよう！」

「エーーッ!?」

思わず僕はつんのめってコケそうになった。

「なんだよ、さっきまでおまえ、絶対ダメって言ってただろ」

その子を見るハハの目が変わっていた。えみると同じ誕生日ということに心が動いたのは伝わったが、まさかハハから「飼いたい」と、そうくるとは思ってもみなかった。ふみねもただ口をポカーンとあけて驚いた顔でハハを見ていた。しかし僕は「ほかの店も全部見てみよう。ハハの言ったとおり、やっぱり命があるものだから、衝動買いは良くないから」

とハハとふみねに伝えた。

ひょっとしたら、次の店にも同じ誕生日の子犬がいるかもしれない。もしこの子が天国のえみるが寄越してくれた子犬なら、どのみち、うち以外に行くはずはないとも感じていた。「行ってみようか」と促すと、妻は「そうだね」と同意してくれ、ふみねも「わかった」とは答えたものの、二人とも後ろ髪を束でひかれているのがよくわかった。「すみませんでした」とお店の人に告げ、ほかのお店に向かった。

でもわかる。もう、ふみねとハハは、他の犬には関心がない。次のお店に入っても「同じ誕生日のワンちゃん、いないねぇ」とか言ってふみねは気もそぞろだ。ハハに至っては、見る気もない。〈もう、あの子、売れちゃうんじゃないか、いなくなったらどうしよう〉というドキドキ、やきもきした気持ちが言葉には出さないけど、すごく伝わってくる。その次の店に行っても、あの子犬が売れたりしないかと心配して二人はまともに見ようとしない。

そして ふみねは「あの子が忘れられない」と言い出した。ハハは「あの子と会ったのは縁なんだ、きっといる。絶対にいる」と念じていたようだ。

翌日、三人で最初のお店へ向かった。二人はもうソワソワして心配顔だった。ハハはゆうべあまり眠れなかったらしい。

お店のドアを開けると——、

いた、いた、えみると同じ誕生日のあの子犬がシッポを振って僕たちを迎えてくれた。

「よかった、この子、いた!!」

妻がいちばん喜んで声を大にした。

店の人に「どうなさいますか」と聞かれ、ふみねより先に妻が「ハイ、お願いします」と嬉しそうにうなずいた。するとペットショップの方が、

「実は、お帰りになった後、『この子が欲しい』っていうお客さんが二組いらしたんです」と言った。そのとき、なぜか不思議と、その人もよくわからないけど、僕らが絶対に帰ってくるって思ったんです、と話してくれた。だから、売れてないのに「売約済み」を立てていたと言う。

「あ、この子いいなぁ」って言う二組の方に、「申し訳ありません、この子もう売約済みなんです」と断り、売れてもないのに、「売約済み」の札を置いてくれたのだ。

それを聞くとよけい、うちのハハは、

「ああ！　やっぱりえみるが逢わせてくれたんだ」と喜び、「えみるが店員さんに魔法の粉をかけたんだ」

と信じて疑わなかった。

トートとの別れ

「名前どうする？」

家に連れ帰って、リビングで子犬と遊んでいるふみねに尋ねると、すぐに返事が返ってきた。

「よつば！」

「なんでよつばなの？」

「ねぇねがそう呼んでいたから」

そういえば、えみるは生前、子犬を育てるシミュレーションゲームにはまっていた。そのゲームの子犬に「幸せのよつばのクローバー」からとった、「よつば」という名前を付けて呼んでいたのだという。ゲームの中では、名前を呼ぶほど親密さが増すようで、えみるが、ゲーム機に向かって「よつば！　よつば！」としきりに呼びかけていたのはそのためかと納得がいった。

その日から、家に帰ると、ハハやふみねが「よつば！　よつば！」と呼びかけている。その声を聞くと、僕はえみるを感じて嬉しくなった。

同じ誕生日で、運命的な出会いをしたものの、よつばがえみるの生まれ変わりだというようなことは、家族の誰も思っていない。大切な家族の一員であるが、よつばは「よつば」であって、決して「えみる」ではないと家族全員わかっている。でもどこか、ペット以上の縁を感じてしまう部分もおおいにある。僕らの元に、何か使命を持ってやってきたのだと思わずにいられないのだ。ハハは特に、よつばが愛《いと》おしくてしょうがないみたいだ。

よつばは不思議な子だ。誰もいない方にむかって遊べとほえてみたり、誰もいないのに、腹を出して撫でろというしぐさをしてみたり。それは犬がもともと持っている習性だと言われてしまえばそれまでなのだが、僕らには「そこにえみるがいるんだ」ということをよつばによって感じられる。悲しみではなく、胸の奥から温かい空気に包まれて、癒されるような気持ちになるのだ。

僕らはそれを現実に目で見る能力がないから、逆によつばがそういう動きをすると、えみるが今、そこにいてくれるんだ、とすごく温かい空気に家中が包まれる。それは犬の行動にすぎないのかもしれないが、僕ら家族にとっては大変意味のある大きな癒やしとなっている。

よつばが来てから三年後、トートはえみるのもとへ旅立った。やせ細ってしまったけど、最後まで懸命に生きた。トートは僕たち家族のことを大切に思ってくれた。寝床に入ったトートは、丸くなったまま、眠るように最期を迎えた。僕は思う。トートも十分に役目を果たしたと思ったのだろう。よつばが来て、ふみねもハハも笑顔になった。「これでもう、えみるのもとへ行っても大丈夫だ」と本当の飼い主であるえみるのところへ行ったのだろう。

きっと今頃は、えみると一緒にオズの国の散歩を楽しんでいるはずだ。

トートのことでこんなことがあった。二〇一一年の秋のことだった。日本テレビの「志村どうぶつ園」の特番の撮影で、動物と話せるという有名な女性が来日するので、僕たちが嫌でなければ出演を考えてくれないかという話が来た。おそらく、事故の直後であれば辛くて無理だったと思うそのオファーを、ふみねもえみるも大好きな番組だったことと、トートが痩せたことも気になっていたので受けてみることにした。そして当日、ハハとふみねも収録に立ち会って、その女性を迎えた。彼女は、言葉で会話をするというのではなく、動物から断片的に伝わってくる、イメージや映像をつなぎ合わせてメッセージにしているのだという。

僕は、二つのことを尋ねた。ひとつはトートがどんなに食べても太らない理由。えみるが帰ってこないのが辛くて体の時間を止めようとしているのか、どこか具合が悪いのか。そしてもうひとつが、トートは何か僕らに伝えたいことがあるのかということだった。

えみるがいなくなって以来、トートはこれまで見たこともないような表情で僕らのことを見つめてくるときがあった。何か言いたいことがあるのかなと気になっていたので、それを二つ目の質問にした。

すると彼女は、トートを見つめたり、やさしく撫でたりしはじめた。トートも彼女をじっと見つめて……不思議な時間が流れていた。

そして、一つ目のトートが痩せてしまう原因を語り出した。

「私に伝わってきたのは……。そうね、小さな女の子のイメージ。えみるちゃんのベッドの上で、小さく丸まって泣いている。トートはそれを心配そうにのぞきこんでいるわ。これは……妹さんかしら?」

彼女は「トートはふみねのことを深く心配している」と言った。まだ「死」が何かわからなかったふみね。一年待っても、二年待っても大好きなねぇねは戻ってこない。次第に大きくなるふみねの寂しさ、悲しさをトートは誰よりも敏感に感じ取っていたのだという。

そして次の質問に対しては、犬特有の嗅覚で、トートはえみるを感じているということだった。人間の想像以上の嗅覚を持つ犬だから、ふとした瞬間に家の中に微かに残っているえみるの香りを見つけることがあるのだという。そしてトートはそれを、僕たちに「今……

よつば（右）とトート（左）。よつばは天国のえみるからのプレゼント。

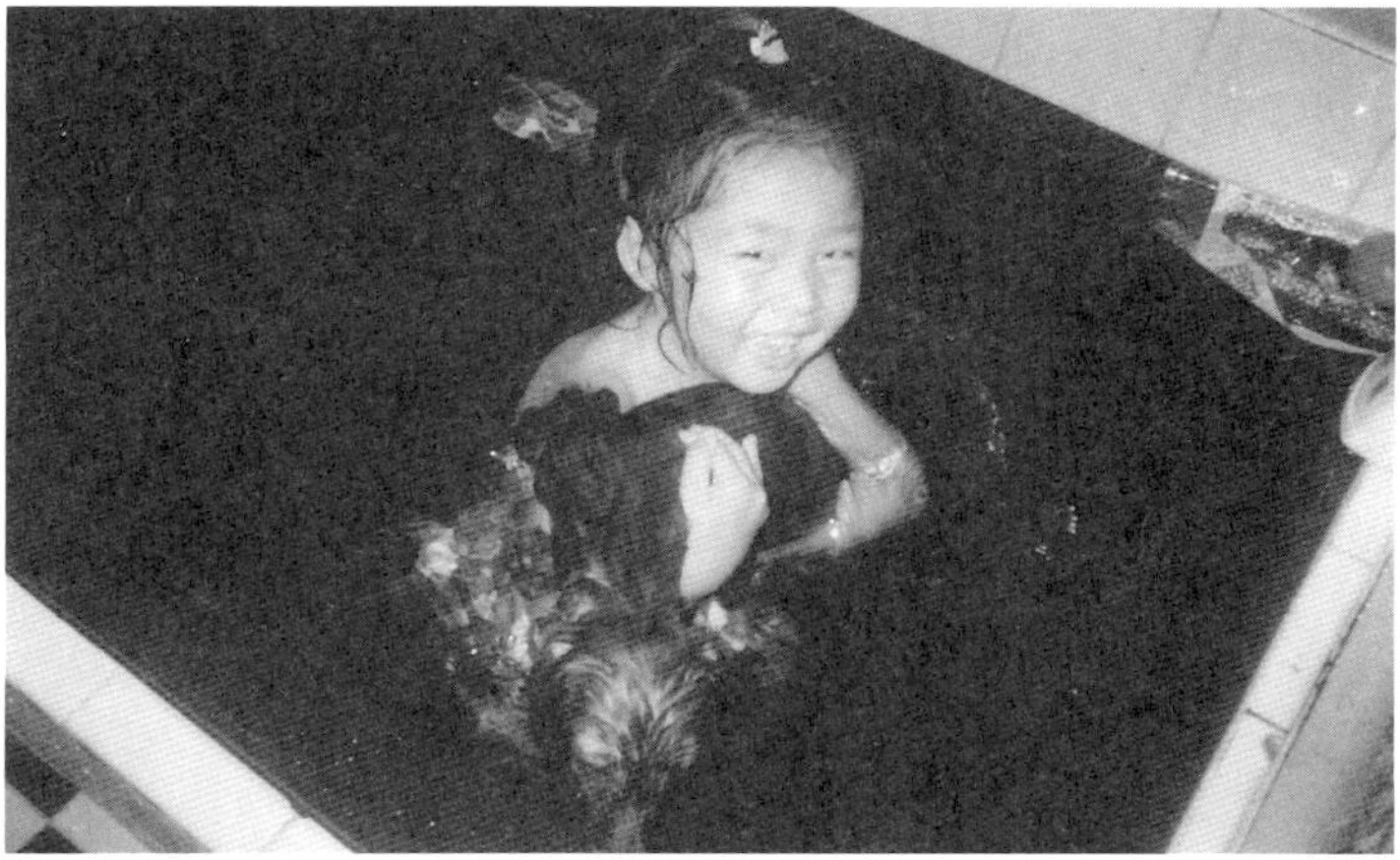

えみるはトートをとても可愛がり、お風呂も、寝るときも、いつも一緒だった。

えみるを見つけたよ」と、知らせてくれていたというのだ。

「ありがとう。トート、ありがとう」

僕は、トートにそう声をかけた。

そして彼女は、トートはどうやらふみねに対して、自分がふみねの姉のような感情を持っているのだと伝えてくれた。そして、最後にトートが想っている感情をこう伝えてくれた。

「みんなで楽しくしようよ。幸せになろうよ……」

その言葉は、まるでえみるからのメッセージのようだった。僕たちにはそう思えて、ふみねもハハも泣いていた。

今、うちにはよつばがいるけれど、家族の中でよつばの存在はペットとも犬とも違う。うまく言えないが、よつばは、「よつば」という特別な生き物である。だから普段接しているときには、「犬」という感覚はあまりない。見た目が「犬」というだけなのだ。かといって、人でもない。えみるの生まれ変わりでもない。それは重々わかっている。

けれど、えみるがこの家によつばを連れてきたことを、うちの家族は、信じて疑わない。ハハのご両親もそうだ。これは、家族を前向きにさせ少しでも元気づけるために、えみるが必然でそうさせているんだと、みんな信じている。

だからよつばは「よつば」以外の何者でもない、特別な命なのだ。

第6章
ふみねがえみるの歳を超えた日

えみるの歳を超えた日

二〇一三年八月四日。ふみねが十歳の誕生日を迎えた。その日から次の八月四日を迎えるまでの一年間は、僕も妻も密かに緊張していた。特に二〇一四年の七月十歳十一か月。ちゃんと十一歳を迎えられるのか、祈るような気持ちで毎日を過ごしていた。僕らには十歳までしか子どもを育てた経験がない。こころのこともあった。今度こそ、本当にその先に進めるんだろうか。

「本当に十一歳になれるのかな？　えみるのように奪われることはないだろうか」と、いくら何でも気にしすぎだと言われるだろうが、一度そういう経験をすると、「ひょっとして、この子まで……」そういう恐怖がすごくあった。

だから、最近のなかで、僕たち夫婦が一番嬉しかったのは、次女が十一歳の誕生日を迎えた日だ。不安がよぎって落ち着かなくて僕は、密かに一か月前からカウントダウンを始めていた。

「あと一か月でえみるの歳を超える」

「あと一週間……」

「よし、あと三日！」

カレンダーにつけた赤丸を見ながら、無事に一日を終えたことを確認する。

しかし、その日が近づけば近づくほどあの日の事故の場面が頭に浮かんだ。

そんなこと考えていたら、逆に気が滅入ってしまうのもわかっているのだが、やめようにもこの不安と恐怖を消し去ることはできなかった。それほど、その日は僕らにとって、特別に意味のある日だ。えみるが生きてきた時間と重ねながら指を数えた。

えみるは十一歳を迎える一か月ほど前にこの世を去った。

二〇一四年七月二日。この日がふみねにとって、えみるがこの世で過ごした時間と同じ時間が過ぎる日だ。この日を過ぎたら、いよいよ今度は、ふみねがお姉ちゃんの時間を追い超す。七月二日の朝を無事に迎えたとき、僕は何度も何度もガッツポーズをくり返した。

その日以降の子育ては、僕たちにとってふみねが初めての経験になった。

えみるが生きた時間を、ふみねが超えた日。新しい次の一日が始まったそのとき。そして二〇一四年八月四日、ふみねが無事に十一歳を迎えられたとき、この世で誰よりも僕たち夫婦が喜んだに違いない。それと同時に、大きかったひとつの恐怖も消えていった。

天国で見守ってくれているえみるのためにも、「よし！　また、頑張ろう!!」と気持ちが引き締まった瞬間だった。

「いよいよえみるの時間を超えたね。ふみねが」朝を迎えて僕がつぶやくと、ハハは大きくうなずいた。家族に余計なプレッシャーを与えまいとして、カウントダウンを行っていたことは当日まで誰にも話さなかった。けれど、ハハも同じようにカレンダーを見ていたことを後から知った。

ハハの手帳には誕生日はもちろん、七月二日水曜日にも、小さな丸が添えられていた。

どんどん成長していくふみねを見ていると、愛おしさが湧いてくる。けれどもときどき、戸惑ったりもする。記憶の中のえみるより、心も身体も大きくなっていくふみね。普通であれば、長女を次女が追い超すなんてことは絶対にありえないことだ。姿も会話もお姉ちゃんを超えたということが不思議だった。

たとえばふみねがえみるの服を着ているとき、えみるにプレゼントした鉛筆を使って宿題をしているとき、ふとした瞬間に、ふみねがえみるに重なって、もっと小さいはずのふみねを探してしまうことがある。姉妹というのは、みんなそうなのかもしれないけれど、しぐさや声が瓜二つで、ふみねに向けて、無意識に「えみる」と声をかけてしまうこともある。

「ときどき、わかっているんだけど、ふみねよりもちっちゃいふみねを探すこと、ない？」とハハに聞くと「ある、ある」と答える。そういう時のことを僕たち夫婦は「えみるが入った」なんて言っている。

ある日のこと、ふみねと会話をしていると、僕の顔をじーっと見つめてきてこう言った。

「気がついていないだろうけど、チチ、この五分くらいずっとワタシのことをえみるって呼んでいるからね」

「あっ！　……ごめん」

「そんなときもあるよね」

そして、「しょうがないなーチチは」という顔で下唇をつき出しておどけてみせる。

そんなとき、ふみねは過剰に反応したりせずに、さらっと受け流してくれる。「間違えないでよ！」と言われたことは一度もない。

名前を間違えられるのはいい気分ではないだろうなと反省する反面、それを嫌がってみせないふみねの懐の大きさに助けられている。

「私は死なないかな？」

物おじせずに人の輪の中に入っていき、おどけて周りを笑わせるのが好きなタイプのえみるとは対照的に、その後ろに隠れて周りをじっと観察するような子だったふみね。ふみねはハハ以上に「えみる化」してみせた。

特に幼稚園を卒園し、小学校に上がるくらいには何かを吹っ切ったような表情を見せることが増えた。

今では、どんな場面でも率先してふみねがおどけてみんなをよく笑わせている。家族を失った喪失感を抱えながらも、両親が笑ってくれるというのが嬉しかったのかもしれない。こうすればチチが笑ってくれた、ハハが笑ってくれたということを覚えていて、どうにかして笑わせてやろうという健気な心遣いをよく感じる。

たとえば、えみるが十歳の頃の水着の写真を見ては、

「えみる細いなー！　ワタシのお肉いりませんかぁ」

と下っ腹をパーンとひとつ叩いて大声で笑う。

自分がおどけて見せれば、周りが笑顔になってくれるという小さい頃からの思い出があるのだろう。十三歳を前にした今でも、変顔のオンパレードは止まらない。

「そこまで気を遣わなくてもいいのにな」と僕が言うと、「いいの、いいの。経験が違うん

だから」とハハ。

ハハいわく、「頑張っておどけているのではなくて、それがもうふみねのスタイルなの」だと。

照れ屋、恥ずかしがり屋な部分があったが、えみるがいなくなったら私がやらなきゃ、とすべてに積極的になっていった。

えみるという姉の盾がなくなった分、一人で解決しなければ、と考えてのことなのだろう。それが、ふみねのいちばん、変わったことだった。

もうひとつ変わったことといえば、いつからかふみねはえみるのことを「ねぇね」と呼ばなくなっていた。僕が気づいたのはふみねが小学生に上がってから後のことだ。

「えみるが……」と話すふみねに「えっ?」と思ったのだ。

「ねぇ、ふみね。いつから『ねぇね』って呼ばなくなった?」

「あ……本当だ。いつからかわかんない、えみるって呼んでる……。どうしてだろう」

なぜ「ねぇね」が「えみる」になったのか、いつからなのか。それはふみねにとっても無意識の変化だった。もしかしたら、「ママ」と呼んでいた男の子が、ある時期から「母さん」とか「お袋」と呼ぶようになるそれに近いのかもしれない。そこには、ふみねなりの思いがあるのだろう。呼び名は変わっても、ふみねにとってえみるの存在や思い出は永遠なのだ。

ふみねのえみるへの強い思いが変わることはない。

ふみねは、「えみるちゃんは天使になったのよ」と言われると怒っていた。「えみるはえみるだもん！」と。えみるが別のものになるのが、たとえそれが天使であっても嫌だったのだ。ときどき、外出先で仲の良さそうな姉妹を見ると涙を流してしまうこともあった。

そして、事故や死への恐怖も変わらず……。

僕の父が亡くなった時も、おじいちゃんの亡骸《なきがら》を見るのが怖いと情緒が不安定になっていた。葬儀場の焼き場でも近くに行こうとしないので、僕は「無理しなくていいよ」と言った。

「そんなに怖いなら、おじいちゃんだって、わかってくれているから」

目にいっぱい涙をためながらふみねは首を横に振る。

「でも、お葬式もちゃんとしないと、じいちゃん悲しむ？」

「悲しまないよ。ふみねにはふみねの経験がある。ふみねがお葬式のとき、どれだけ怖くなるかじいちゃん、ちゃんとわかってくれるよ」

でも、最後は泣きながらも「じぃちゃん、ありがとうね……バイバイ」と言ってしっかりお別れをしてくれた。

東日本大震災が起こった直後、テレビで地震速報が出るたびにふみねが怖がるので、僕らはふみねがいる前ではテレビを付けないようにしていた。しかし、大変なことが起こったということをふみねも理解していて、たくさんの人たちが一丸となって悲しみをこらえて頑張っているという姿に、強く思うことがあるようだった。ふみねには、あの日の出来事が重なって見えたのかもしれない。

その姿を見ていて僕は気になっていたことを思いきって訊いてみた。

「あの日のこと、覚えてる？」

事故について質問したのはそのときが初めてだった。すると、ふみねはうなずいて、その日のことを話し出した。亡くなる瞬間、えみるはこんな状態で、ベッドに横たわる体の一部が真っ赤になっていて、と。さらに驚かされたのは、お医者さんがどこに立っていて、看護師さんがふみねのことを抱き上げてくれて、と詳細なことまで鮮明に記憶していることだった。

僕と妻は床に崩れ落ち、床をどんどん叩きながら狂ったように転げまわっていて、ふみねの視線に気づいてやることができなかった。僕らが事故現場で受けた衝撃を忘れられないのと同じように、ふみねも僕らのあの姿を見たことは生涯忘れられないのではないかと思う。

「あんなに叫ぶチチとハハを見たことがなかったし……、すごかった……すごく怖かった……」

ふみねはポツリポツリと、遠くを見るように話した。あの日ふみねに見せてしまった光景が、人の死に対して敏感な気持ちを植え付けてしまったことを後悔している。

中学生になった今でも、ときどき遠慮をしながらも、抑えきれなくなるのか、「私は死なないかな？」などと突然聞いてくることがある。

無意識に変わっていくこと、絶対に忘れたくないこと、忘れてしまいたいのに越えられないこと。事故で生まれた大きな影は、ふみねの心の中にさまざまな変化を生みだす。

悲しみを越えるなんて言うけれど、越えるというよりも、今まで知らなかった感情と出会い、戸惑いながらも、時間とともに折り合いをつける方法を自分なりに見つけてゆくしかないのだと思う。

だから、ふみねが「死なないよね、死なないかな？」と言ってきても、僕は「死なないよ。えみるが守ってくれるから、大丈夫、大丈夫」と落ち着かせるだけで、「そういう不安は早く無くしなさい」とは言えない。ふみねの経験したことを思えば、簡単に無くならない感情だってある。ひとつひとつ時間をかけて越えられるものだけでいい。そう思っている。

大将萩本欽一さんから学んだこと

親バカになるが、ふみねはとても頑張り屋だ。思わず「いいよ、手を抜けよ」と言ってしまうくらい、なんでも全力で取り組もうとする。それは、えみるが志半ばで夢や好きなことを絶たれてしまったから、自分はやれることはやれるときにやっておこう、という思いから手が抜けないというようにも見える。

あれはふみねが幼稚園に上がってすぐの運動会のことだ。生まれて初めての運動会に興奮したふみねは、大張り切りで人一倍大きな振り付けで『勇気１００％』を踊りきった。反対に僕はというと、参加したお父さん綱引きでチームが初戦敗退。

「チチ！　本気でやったの」と、お弁当の時間にすごい勢いで怒られてしまったことを思い出す。

ふみねは今、ダンスに熱中している。これまた放っておけば五時間でも六時間でも平気で踊っている。先にダンスを始めていたえみるの影響もあるのだろうが、一生懸命なんでも楽しんで取り組む気持ちは、大将である萩本欽一さんの舞台を小さい頃からずっと見ていたことも大きいのかもしれない。

えみるの事故があった翌月、僕は明治座で一か月公演（『仇討物語・でんでんむし』）を控えていた。えみるがとても楽しみにしていた舞台だったこともあって、「どうしても舞台に立たせてください」と大将にお願いし、予定どおり出演させていただくことになった。

通常、それくらい長期の公演となると、楽屋に半住込みと言っても過言ではないような生活が続く。午前と午後の二度の公演があって、その間や終わった後に毎日、ダメ出しがあり、それを稽古して、家には寝に帰るだけ。そして翌日は朝一で劇場に向かうといった生活になる。

えみるの事故から一か月も経っておらず、気持ちが不安定になっていたふみねもハハも、わずかな時間でも家族と離れるのを非常に怖がっていた。それもそのはずで、えみるは家族と別れて家を出てわずか二、三分で事故に遭ってしまったのだから。幸いふみねはまだ幼稚園に上がる前だったので、ずっと家族の傍にいることができた。だから僕らは家族一緒に劇場入りをさせていただいて、ふみねはずっと楽屋で遊んでいた。

小さい子がうろちょろするにもかかわらず温かく見守ってくださった大将をはじめ、佐藤B作さん、山口良一さん、田中美佐子さん、はしのえみさん、たくさんの共演者の方々、スタッフさんにはお世話になり、深く感謝している。

舞台の内容は当然喜劇だった。最愛の娘を失ったばかりの男が人を笑わせるなんて、それこそ喜劇のように感じた。けれど、逆にそれがまた自分の運命のようにも感じるし、天国のえみるに笑顔を届けたいと思う一心で舞台に立っていた。

えみるがいなくなってからの初の舞台。あの事故が起こる前から、僕にとっては師匠である大将との舞台が決まっていたことに、何か不思議な縁を感じた。

稽古では、大将にずいぶんダメ出しをされたが、あとからそれも大将の心遣いだったということを知り、胸が熱くなった。

「あのとき、しんごにね、ＯＫを出して休憩入れるとね、すぐに悲しい顔に戻っちゃうわけ。だから一度、稽古場に入ったら休ませちゃダメ」だから大将はあえて「はいダメ、もう一回……。はいそこんとこもう一回……。はい、じゃ次いってみよう」と僕には休みを与えなかったのだ。

えみるのことに気がいくと「辛くなるのはあいつなんだから、稽古場では、少しでもそれを減らしてやろう」という大将なりの優しさだったのだ。そしてギュッと詰め込んだ稽古が終わると「はい、早く家帰って思い切り泣きなさい」と。

僕は初めて大将と出会った日のことを思い出した。

当時、欽ちゃんの愛称で親しまれる萩本欽一さんの人気はすさまじく、出演している五つの番組の視聴率を全部足すと一〇〇を超えたことから〝視聴率一〇〇パーセント男〟という異名を持つほどの大スターだった。もちろん僕も、子どもの頃からコント55号を見て育ち、「なんでそーなるの！」とよく大将の真似をしていた。

そんな大将と初めてお会いしたのは、ＴＢＳの新番組のオーディション当日だった。

「こんにちはー」と挨拶しながらスタジオに入ると、萩本さんはさっと僕のほうを見て「お、元気がいいのが来たな」と言うなり、次の瞬間「合格！」と言ったのだ。

「声が大きいから合格！」

何が起こったのかすぐに飲みこめなくて、目を白黒させてしまった。萩本さんが「合格」を出した「大きな声」は、とにかく母に口うるさいくらいに言われていたことだった。大きな声を出しなさい、特に辛いときや悲しいときには努めて明るく大きな声で、というのが母の教えだった。

「あ、ありがとうございます！」さらに大きな声で、僕は頭を下げた。

へこたれない

その新番組は、『欽ちゃんの週刊欽曜日』というのちの人気番組で、僕は「こんにちは！」のたったひとことでいわゆる「欽ちゃんファミリー」の一員となった。そして大下義博は「風見慎吾」として芸能界デビューを果たした。

しかし、番組のリハーサルが始まると、大将が一転して顔をしかめた。

「最悪。ひどいの連れてきちゃったなあ」

有名になってやろう、カネ持ちになって高級外車に乗ってやろうという顔になった。と大将はおっしゃったが、僕はただただ緊張するばかりで、なんと答えていいのかわからない。

「最初に『こんにちはー』って入ってきたときは、明るくて屈託がなくてよかったの。もう一回、あんな感じで入ってきてごらん」

すぐさま僕は稽古場の外に出て、「こんにちはー」と入っていく。

「ん〜、違う。もういっぺん」

「こんにちはー」

「ダメ。初めて来た時と同じようにスタジオを出て、駅の方まで行って戻ってきてから、それからもう一度やってみて」

こんにちはの一言だけを一時間半以上繰り返し、時計を見ると夜十時をとうに過ぎていた。

〈なんだよ、何がダメなんだ……。どうすればいいんだ……〉

正解が全く見えなくて焦る僕。だけど芸能界のやり方やしきたりなんて全く知らない僕は、戸惑いながらも言われたとおりにただただ続けることしかできなかった。ようやくOKが出た時には心底ほっとした。

それから何年も経って、大将がそのときの意図を教えてくださった。

「しんごね、本当はあのとき何も違ってなかったの。だけど三回でOKにしちゃうとテレビって楽なんだ、三回くらいでできちゃうんだって思うでしょ。それだと、あとでしんごが困るのな。最初、僕が三十回やらせておけば、将来しんごがどこかで二十回ダメくらってもへこたれないでしょ。辛いことがあってもへこたれちゃ、ダメ。だから将来、この世界で頑張って続けていけるように最初にいっぱいやらせたの」

欽ちゃんファミリーの鉄則として、大将には「訊いちゃダメ」というものがある。「どこがダメなんですか？」と訊くと、必ず「訊いちゃダメ。芸っていうのは訊いて教わるものじゃなくて、自分で見つけるものだから」と突き返される。

しかし、その鉄則があったからこそ、僕は『涙の take a chance』のとき振り付けに取り入れたブレイクダンスを習得することができた。映画『フラッシュダンス』のワンシーンで、子どもたちがブレイクダンスを踊っているシーンを見て、雷に打たれたような衝撃を受けた。〈そうだ、このダンスをパフォーマンスとして見せたら絶対にみんな驚く！　それにテレビではまだ誰もやってない、これをやらなきゃ！〉

今でこそブレイクダンスやヒップホップはメジャーになったけれど、当時の日本ではまだヒップホップという言葉すら無く、限られたごく一部の、知る人ぞ知るというような世界だった。教わろうにも教えてくれる先生もいないので、僕は本場のニューヨークに武者修行（？）に出た。ところが、ニューヨークでもまだそれを専門にレッスンしてくれる人やスタジオは見つからなかった。

「ならば！」と、僕はストリートに出て、そこで踊る人を観察した。

「いったい、どうやって動いているんだ」と習うような気持ちで一日中見続けた。そして、日本に戻ってからも、現地の路上で個人販売していたブレイクダンスのビデオをすりきれるほど何度も何度も見て覚えた。訊いて学ぶというのが当たり前になっていたら、そこまで必死に諦めずにできたかどうかわからなかったと思う。

バックダンサーの奮闘もあり、おかげさまでこの曲はとても話題になったけれど、それからしばらくすると僕は二つの不安を抱えることになった。ひとつは、自分の「アイドル」というポジションに終わりが近づきつつあると感じていたこと。それは、特に客席の反応を見ているとよくわかった。そして、広島の母が倒れてしまったこと。このままではいずれ僕を必要としなくなるであろう芸能界、僕を必要としている母。実はこのとき、芸能界を引退して実家に戻ろうと思っていた。

そこで、大将のところに行って「もうやめて広島に帰ろうと思います」と告げると、大将は「ダメだ。お前はやめちゃダメだ。俺がやめさせない」とおっしゃった。

「あのなぁ、しんご。お母さんが病院のベッドで頑張ってるときに一番薬になるのは、お前が元気にテレビに出ていることじゃないのか。もう芸能界、辛いからってへこたれて広島に帰っても、そんなお前をお母さん、喜ぶか？」と。

「それとなぁ、しんご。お前がアイドルで人気者でいられたのはな、一歩引いたところからお前を目立たせてくれた人が何人もいてくれたからなんだぞ。自分でうまくいかなくなったからやめますっていうんじゃ、お前を立ててくれたその人らに失礼だろ。だったら、今度はしんごが一歩引いて、誰かを立ててあげなさい。それができたらやめていいよ。だから、それまではやめさせないよ」

それからの僕は、何でも必要とされているところに行って仕事を全うしようと決めた。そしてそこから、あらゆる仕事をこなしていくうちに、「アイドル」へのこだわりもなくなり、司会、パネラー、レポーター、役者……と仕事の量は「アイドル」時代よりも増えていった。

その後、母の遺品整理をしていたら、僕がほんの少し出ているだけの番組でも全部ビデオに録っていたのを見つけた。

〈ああ、大将のおっしゃったとおりだったんだな……〉

僕は続けていてよかったとしみじみ思った。

大将は常々「芸人はね、どんなに辛いことがあっても、苦しくても、お客さんの前で、テレビの中で、泣いちゃいけない。芸能人が泣いていいのは一つだけ。嬉しいときだけ。あとは泣いちゃダメ」とおっしゃっていた。

えみるの葬儀のとき、僕のおやじ代わりとなって、ご会葬してくださった方々にお礼の言葉をかけてくださった大将が、ご自身のその言葉を破るところを見たときは、胸に熱いものがこみ上げてきた。

「へこたれちゃダメ!!」

大将の懐《ふところ》の大きさ、厳しくも温もりのある励ましにはいつも感謝だ。

大将や、欽ちゃんファミリーの温かさに包まれ安心したのか、ふみねも楽屋にいる間じゅう楽しそうにしていた。そして、舞台や稽古をじーっと見ては、共演者の田中美佐子さん、はしのえみさんたちのセリフをすっかり覚えてしまった。

まだ三歳だったが、そのときから、一生懸命に踊ったり楽しく演じたりして、何かを表現するということに興味を持ち始めたようだった。ただそれは、役者さんになりたいという気持ちよりも、舞台の上で行われていることに熱中している間は、えみるの事故のことを忘れられるという思いも強かったように感じた。えみるがいなくなって寂しいはずの時間を大将の舞台が埋めてくれていたのだ。

大将とふみねの約束

大将とふみねのやりとりでこんな印象的な思い出がある。事故の二年後の明治座公演「あらん　はらん　しらん」での出来事だ。ふみねが楽屋でふざけてカツラを被って走り回っていたので、僕が「やめなさい！」と言うと、びっくりして、ピュッと大将の楽屋に入ってしまった。

それだけでも冷や汗ものなのに、ふみねは大将に向かって、

「欽ちゃん！　私も舞台に出たい！」と言い出した。

困ってしまった大将は、とっさに「英語ができないとね」と言った。

「英語？」

「ふみねちゃんが大きくなったとき、どんな時代になっているかわからないよ。英語くらい話せるようになってなきゃ舞台に出られないかもね。だから、英語が喋れるようになってから来てね」

そのときは、オバマ氏がアメリカの大統領に就任した頃で、日本のテレビも連日アメリカのニュースで賑わっていた。大将はちょうどその時流れていたニュースを見て閃いたのかもしれない。「子どもは出られないよ」なんて言うと夢を壊してしまうからと機転を利かせてくださったのだろう。その言葉を真に受けて、ふみねは「英語を勉強したい」と言い出した。インターナショナルスクールに通いたいというのだ。

そういえば、実はえみるもお友だちのシンディーとの交流もあって、近所にあるインターナショナルスクールに行きたいと言っていた。けれど、僕らは夫婦とも英語が堪能なわけで

もなかったので、その時は「大丈夫だよ。普通の学校でも一生懸命勉強していれば大丈夫。英語は喋れるようになるよ」なんて言って、えみるは公立の学校へ行かせたのだが……。

ふみねがそれを望んだとき、僕らは、えみるのやりたかったことを思い浮かべた。今回は、本人がやりたいということを親が躊躇って、選択肢を狭めるのはやめようという気持ちになった。あとから、やらせてあげればよかったと後悔するのはもう嫌だった。

「じゃあ、チャレンジしてみるか！」

「イエース、ウィー、キャン！」

ふみねは、幼稚園の途中からえみるも行きたがっていたインターナショナルスクールに転校した。ハハは送り迎えをずっと続けている。

それから二年が経って、次の明治座公演『いかん　どっかん　あっけらかん』のとき、少し大きくなったふみねは、自ら意を決して大将の楽屋に入っていった。そしていきなり、英語で自己紹介をはじめたのだ。そして一言、「英語、喋れるようになりました」と。

さすがの大将もこれにはたじたじで、

「子どもって覚えるのが早いのね……」

その後、大将は「マウス（ねずみ）」と「マウス（口）」の発音の違いを何度も何度もふみねからダメ出しされていた。

今から思うとふみねにはインターナショナルスクールが合っていたのだと思う。好きな英語が学べることや、違った文化に触れることができるといったこともあるが、何よりも外国からの友だちはえみるのことを全く知らないから学校で事故のことが話題にあがることもない。それがふみねに良かった。

今、いきいきと学校に通うふみねの姿を見ると、えみるがインターナショナルスクールに行きたがっていたことも、あの時の大将のとっさの一言も偶然ではなく、必然だったような気がする。

男気

僕にとって、人生の中でこの方と出会えたことも非常に大きな意味があり、また僕の人生にとっては必然だったように感じている、

大先輩の俳優、渡瀬恒彦さんだ。

渡瀬さんも萩本さんも弟子をとることはされていないが、お二人とも僕にとってはまぎれもなく恩師である。バラエティーや舞台の師匠が萩本さんならば、ドラマの師匠が渡瀬さんなのだ。

渡瀬さんと初めて共演させていただいたのは一九九二年、僕がまだ二十九歳のときだ。テ

レビ朝日のドラマ『タクシードライバーの推理日誌』Ｐａｒｔ・１でご一緒させていただき、それから二十四年が過ぎた現在でもこのドラマはＰａｒｔ・40を超えて続いている。実は、僕の母が脳内出血で倒れたとき、僕はこのドラマの撮影中だった。

その日の深夜、「母さんが倒れた！　いつまで保つかわからん状態じゃ！」と親父から連絡を受けた僕は、マネージャーにその旨を伝え、朝一番の飛行機に飛び乗った。その日の撮影スケジュールはすでに組まれており、朝から僕の出番があったのだがそれをドタキャンし、僕は広島へと向かった。その日のスケジュールをその日の朝、すべてキャンセルするということは、出演者やスタッフはもちろんのこと、撮影のために借りた場所の関係者、準備したもの、折角の飾り付けも道路の使用許可も手配した弁当もみんな無駄にしてしまうことを意味していた。

「役者は親の死に目には会えない」とよくいわれるが、僕はそれに反して大迷惑を承知のうえで親の元に帰った。どうにか母は一命を取り留め、それから二日して、僕はようやく東京の撮影現場に戻った。どこに何からどう謝れば良いか緊張で頭が真っ白になっていた僕に渡瀬さんは

「気にするな……」

と声をかけてくださった。

そして僕の目を見て、

「しんご、お前全然寝てないんだろう?」

とおっしゃってから監督と何やら話をされた。

確かに眠っていないうえに涙も重なって僕のまぶたは恐ろしく腫れていた。渡瀬さんと監督の話し合いが終わると本日の撮影は午前中で終了、午後の撮影予定分は後日に回されることが発表された。渡瀬さんに、そしてすべてのスタッフにとんでもない面倒をかけてしまった。

『タクシードライバーの推理日誌』が始まったとき、僕はまだ独身だった。それからの二十四年の間、このドラマが続いてきた中で、僕の人生にも色々なことが起こった。結婚があり、えみるの誕生があり、母の他界があった。ふみねの誕生に親父の認知症とめまぐるしく人生が動く途中に、えみるの事故が起こった。

ドラマの現場ではその都度その都度、渡瀬さんから大きな激励をいただいた。特に僕たち家族にとって忘れられないのは、えみるの一周忌のときのことだ。その頃は、家族全員まだ悲しみから抜け出せないでいた。心の痛みは一年くらいではそんなに変わらないんだと感じていた。そんな中、えみるの一周忌法要を告別式と同じ会館で行った。遺影のまわりにえみるの好きだったぬいぐるみを飾り、手作り感の詰まった会場に、栃木からはじぃじとばぁばをはじめハハの親戚の方が来られていた。えみるのお友だちも、時間が大丈夫な子がいれば来てくれたら嬉しいなと思っていた。法要の始まる二〇分三〇分前だったろうか、会館の方が緊張した面持ちでやって来て、慌てて僕に

「風見様、今、お客様が……お客様がお越しで……」

「お客様？」

会場のロビーに目をやるとそこには、渡瀬さんが立っておられた。

僕たち家族のことをどうにか励まそうとえみるの命日にわざわざ足を運んでくださったのだ。そして渡瀬さんの後ろには、ドラマの中で僕の相棒を演じている俳優の小林健君も立っていて、周りにはドラマスタッフも来てくれていた。予想もしなかった突然のことに驚くとともに、思わず熱いものが込み上げて来た。

そして法要が始まると、えみるのために渡瀬さんは声に出してお経を唱えてくださった。

その男気に、栃木のじぃじもばぁばもみんな、感動していた。

ハハは、「えみる、ありがたいね。ありがたいね」と言って涙をぽろぽろこぼしていた。

正直、はじめてのえみるの命日に家族はまだ、戸惑っていた。一年前のあの日に気持ちは還っていた。事故現場に、救急救命室に、霊安室に、次々と心は深い闇に飲み込まれそうだった。

渡瀬さんが声にしてくださったお経にいちばん救われたのは、僕だった気がする。

その声で正気に戻れたように感じた。

それから二年くらい経った頃、撮影現場で渡瀬さんから
「しんご、ようやく戻ってきたな」

と声をかけていただいた。

「芝居してても目がな、死んでたよ。ようやく帰って来た」

そう言って、無言で僕の腕をギュッと掴まれた。

ずっとくすぶっていた心のもやがスッと晴れた気分だった。

あの事故から三年が過ぎようとしていた。

頑張らなくてもいいよ

おどけて周りを笑わせたり、英語やダンスに熱中したり。ふみねが頑張る姿には随所に、同じやるなら全力でやらなきゃ人生損だと思っている気持ちが感じられる。「えみるの分まで」という気負いはないだろうが、えみるのことを経験して、やるなら全力でという気持ちがより強くなったのは確かだろう。

どれもあらかた楽しんでやってくれているというのは親として嬉しいことだ。

ただふみねにはえみる以上に気を配りすぎるところがある。普段から明るくて元気で、会う人に「いいね、元気だね」と言われることも多いのだが、でも時折、その元気の中に、人の反応を見て気を遣っている部分を感じるときがある。そういうときは思わず疲れないか心配になって「もう少し楽にしていいんだよ」と言うのだけれど、ふみねいわく「そっちの方が疲れる」のだそうだ。

「それがワタシだから、仕方ないでしょう」

と、はっきりと意志を示し、ふみねのほうが僕らよりはるかに大人なように感じる瞬間もある。

そんなやり取りをしているとふと不思議に思うことがある。えみるのときは常に「勉強しろ！　もっと頑張れ！　頑張れ！」と言っていた。勉強以外でも親は子どものケツを叩いてやる気にさせるものだと思っていたからだ。しかし、えみるを失って振り返ってみると、実際には教育という言葉を借りて、時にはずいぶん理不尽なことで叱っていたことに気づかされた。

その反省の気持ちもあって、夜遅くまで机に向かっているふみねに「いいよ、もう。そんなに無理するな」と声をかけることも多いのだが、そうするとなぜだか逆にものすごく頑張ってしまう。

えみるのときは、「勉強しろ！」と発破をかけると、どうにか早く終わらせる方法はないかなというそぶりをみせることもあったが、「ほどほどにな」とふみねに声をかけると「自分がここまでって決めたから、終わらせないと気持ち悪い」と言う。

宿題中に「休憩、休憩」と僕がちょっかいを出して怒られてしまうこともしばしばある。やはりこれも、えみるのことがどこかにあるのだろう、今できることは今やってしまいたいらしい。僕にしてみれば、そんなに頑張らなくてもいいんだよ、「たまには楽にしようよ」と言いたいのだが、ふみねは自分のペースを頑なに守る。

ふと自分のことを考えた。

芸能界は比較的タテ社会で、先輩後輩の関係は厳しい。「いいよ、今日は無礼講だ」と言われても、気を遣わずにはいられない。僕はデビューの前から、哀川翔さんたちのいた劇男《げきだん》一世風靡《いっせいふうび》の中でも年下だったし、欽ちゃんファミリーの中でも新人からスタートしたし、ドラマの現場では二十四年間尊敬する渡瀬恒彦さんのもとで働かせていただいている。ずっと何十年も先輩のもとで仕事をしてきたので、「しんごちゃん、五十も過ぎてもうベテランなんだから気を遣わないでいいよ」と言われても、そっちのほうが疲れる。初対面であれば、いくら年下でも〝さん〟付けが基本になっているし、タメ口は使わない。結局、そっちの方が楽なのだ。

後輩のタレントさんから、「風見さんに〝さん〟付けで呼ばれるとやりづらいからやめてください……」と言われることもあるが、

「そうは言われてもなぁ……」

僕は長年そういうスタイルでやってきているので、それを崩すほうがムズムズして落ち着かない。ふみねもそれくらいの気持ちだったらいいのだけれど。

「自分の前に立ってくれたえみるはもういないから、これからはすべて自分だけで何とかしなければ」という気持ちが強すぎるのだったら、やっぱりチチは「楽にしようよ」と言いたい。

えみるが亡くなって一年くらいは、なかなか思い出の場所に足を向けることができず、旅行も、「えみるがいないから、ちょっと我慢しようか」ということがたびたびあった。

それでも時が経って、ようやくふみねを連れてそれらの場所に行けるようになると、その時間を取り戻すように家族であちこち回った。たとえば、えみると行った海外、グアム。同じ海で泳いで、同じベンチに座る。家族四人で座ったそこに三人で座るとふみねが語り出した。

「ふみね、覚えているよ。ここに座って、ねぇねとこんな話をしたよね」

どの岩場まで走って行って、どんなヤドカリを何匹捕ったかまで詳細に語りだす。その驚くほどの記憶力に僕と妻は舌を巻いた。

「それ二歳の時の記憶だぞ」と言うと、

「でも、覚えてるもん」と。

物心がついてからねぇねと過ごせたのはおそらく一年半程度だ。その短い時間を決して忘れまいと、ふみねは思い出の場所で、蘇る記憶を反芻《はんすう》する。何度も何度も。

最初の数年は、思い出の場所や、思い出を語るふみねの言葉に、涙を流すこともあった。でも、次第に、それがすごく嬉しくなった。思い出が詰まった場所で、目を閉じると、その時のことが浮かんでくる。そこに、あの時の香りや温度を感じると、えみるも一緒にいてくれるような気がして温かい気持ちに包まれるのだ。

「観光地で、景色を見ずに目をつぶってばかりの家族は俺らだけかもしれないな」

僕が言うと、うなずいてハハも笑った。

ふみねに、えみるとの思い出は今以上増えないし、もちろん僕らより少ない。僕らにえみるとのことを話すのは多分、彼女のなかでは、絶対に忘れたくない、という気持ちが強いからだと思う。思い出はこれ以上増えない、あとは、自分が忘れていくことで少しずつ少しずつ減っていく。えみるが生きていれば姉妹の思い出はどんどん増えていくだろうから、昔のいらない思い出は削っていけばいいだろう。しかし、ふみねのなかでは、えみると過ごしたのは三歳くらいまでで、そのうち覚えているのはきっと二歳くらいからだろうから、せいぜいえみるとの記憶は一年半か、そこらしかないだろう。だから、彼女のなかでは、無意識に、絶対に忘れないようにしようとしていっぱい話して確かめているのだと感じた。

思い出の場所に行くとより鮮明に思い出すだろうし、事細かに全部反芻することによって、覚えているものを忘れないように、何度も何度も、頭に入れようとしているのだろう。

クマのぬいぐるみとえみる

僕たちは家族で出かけるときにはえみるが大切にしていたクマのぬいぐるみを連れて行く。旅行や、遊園地に行くとき、外食するときにも必ずそのクマが家族のなかではえみるなので、家族「四人」でのお出かけとなる。事故から三年目くらいまでは、外でご飯を食べるときでも、えみるの席と一人前の食事を用意して、そこにぬいぐるみを置いていた。自然を歩くようなときには、連れやすいように背負うタイプのクマさんだっている。

ふみねが大きくなった今となってはぬいぐるみが席に座っているというのは、なんとも不思議な光景なのだろうが、あの頃はまだ小さかったので、店員さんにはお気に入りのぬいぐるみをいつも持ち歩いている女の子というように見えていただろう。

「あら、かわいいクマさんね」と、声をかけられてふみねはなんとも言えない顔でうなずいていた。

実はこのクマのぬいぐるみの中には、えみるの遺骨が入っている。

事情を知れば、「いつまでも引きずらないほうがいいよ」と言われるかもしれないが、僕たちにとっては遺骨が入っている、いないにかかわらず、えみるがそこにいてくれるのだ、と思えるものがあることが大切なのだ。

奇跡が起こって何事もなかったように「ただいまー」ってえみるが帰ってくるなんて希望はすでに持っていない。えみるはもう死んでしまった。ただ、えみるはいつも傍にいてくれると思って生活することが僕らには大切なことで、死んだからといって何もかもが「無」になったのではないということを感じていたいのだ。

海外に行くときは、もう使えないし見せる必要もないのだけれど、えみるのパスポートも持って行く。スーツケースにはえみるの分の着替えも詰める。

それを痛々しく思うかもしれない。けれど、やはり人はどうしても物質的な物、目に見えるとか、触れることができる物があると、心を落ち着かせることができる。それは、ハハもふみねも感じているようで、だから誰も「ぬいぐるみやえみるの物を持ち歩くのはもうやめ

い。

もっと時間が経ち、いつの間にか持つことをやめていたのなら、それはそれでこだわらないよう」とは言わない。

今でも僕らはぬいぐるみを持ち歩く。その「意味」を知っている先輩方には、「見ていて、いたたまれないよ」と言われることがある。どう言葉にしても説明しきれないので「すみません」と答えるしかないのだが、僕たち家族にとっては、「引きずる」とか「悲しい」とは違う、全く別の「感覚」を求めているのだ。

もちろん、心だったり絆だったり、愛情だったり、目に見えないものの中にこそ、大切なことがたくさんあるのは承知している。でも、本当に大切な人を失ったとき、どうしても、その人を感じることのできる目に見えるもの、触れられるものに心のよりどころを求めてしまうのも、この世に生きるものの性なのかもしれない。

ふみねもそうだし、僕や妻もどうしてもえみるを感じる「感覚」が欲しいのだ。

それを持っていることが、ふみねを落ち着かせてくれたことも何度もあったし、彼女のなかでは、いつもえみるが傍で見守っていてくれるって安心できたのだろう。その「感覚」を持てていることが、彼女を前向きにさせている。クマのぬいぐるみが家族に安心を届けてくれているのであれば、そのクマさんはいつまでも「えみる」なのだ。

弥山

えみるには一度行ってみたい場所があった。

広島県は宮島にある「弥山《みせん》」だ。

厳島神社の後方にそびえる、標高五三五メートルの霊峰・弥山。

古くから信仰の山として崇《あが》められ、その頂《いただき》には神が鎮座すると言われている。

そんな厳《おごそ》かでどこか神秘的な雰囲気にえみるは興味を抱いたのか、ふみねのお宮参りで厳島神社を訪れたとき、「神様のいる場所を一度見てみたい」と言い出した。しかも、話を聞いてみると、どうも自分の足で歩いて登ってみたいようなのだ。昔は修行の場でもあったことを聞き、子どもの自分にもできるものなのか実際に挑戦してみたくなったのかもしれない。

一緒に来ていた父の認知症のことも気がかりだったので、そのときは我慢してもらったが、最後までえみるは「ねぇチチ、ロープウェーでもいいからさ……、やっぱりダメかぁー……」と名残惜しそうだった。

今から思うと、えみると僕たち家族全員そろっての最後の旅行になったのも宮島だったのだが、「ふみねがまだ小さいから……」とか、「じいちゃんのとこへお見舞いにいかなきゃぁ」とか、そんな理由をつけては結局最後までえみるを弥山へ登らせてやることは無かった。そのことがずっと僕の心のどこかに引っかかっていた。

「いつか、登ろう……。いつか、みんなで登ろう……」そう思っていても、まだまだ一歩を踏み出す気力がなかった。


えみるが天国へ旅立って六年が過ぎた頃、ＢＳ日テレの番組『わが心の聖地』への出演依頼があった。

毎回、出演者がある思いを胸に、自分にとっての聖地へ、願いの道を旅するという番組だった。えみるからの声が届いたような気がした。

「チチ、登ろうよ」

えみるがやさしく後押ししてくれている。「また新しい一歩を踏み出そうよ！」

僕にとっての聖地はすぐに決まった。

「弥山」

えみるとの約束を果たす時が訪れた。

その番組を見て、ハハも、栃木のじぃじもばぁばも、そしてふみねも登りたいと言い出した。

二二六〇段、昔は修行の一環として登った道でもあるので、「意外としんどいよ」と言ったのだが誰も聞き入れようとはしなかった。

じぃじは「えみるに会える気がする」と言った。ハハは仏壇にむかって「一緒に登るからね！」と声をかけた。ふみねは「えみるは私が連れて行く！」と言って、クマのぬいぐるみを抱きしめた。ばぁばは一言「お願いします」とえらく真剣な表情で。今度は家族全員で登ることとなった。

まずは弥山の麓《ふもと》にある寺院「大聖院」へ旅の無事をお願いしに行った。そして小さなお地蔵様とお守りを買って、いよいよ弥山への登山口へと向かった。

最初の鳥居をくぐり、左右に置かれた狛犬《こまいぬ》を過ぎたところに小さなお堂がある。中にはお地蔵様が祀《まつ》られていた。「懺悔地蔵《ざんげじぞう》」という。この世に生きる僕たちには煩悩《ぼんのう》がある。その煩悩をできるだけ捨てて懺悔してから、神の山へ入ってゆくのだ。

「長いこと生きてきたから、こりゃあ懺悔には時間が相当かかるなぁ」とじぃじがみんなを笑わせた。

二二六〇段、その一段目をえみるへの思いを込めて、それぞれがゆっくりと踏みしめた。

弥山への道中には数々の巨岩や奇石など由緒ある史跡が点在しているのだが、その中に「賽《さい》の河原《かわら》」と呼ばれている場所がある。ハハがどうしても訪れてみたいと言っていた場所で、大きく張り出した巨岩の下にたくさんの塔やお地蔵様が祀られている。そしてその周りには、ここを訪れた人たちがひとつひとつ積んでいったのだろう、いたるところに小石が積み上げられていた。

「賽の河原」、いわゆる三途《さんず》の川の河原のことだが、この場所にはいわれがある。

親より先に逝ってしまった子どもたちが、親のことを心配して、賽の河原にやって来ては「ひとつ積んでは母のため」「ひとつ積んでは父のため」と願いを込めて小石を積んでゆく。そこに鬼が現れて、子どもたちがせっかく積んだ小石の塔を次々と壊してゆく。それを見かねたお地蔵様が、賽の河原へと降りて来て子どもたちを救ってくれる。そういわれているのだ。

ここにもこんなにたくさんの、僕たちと同じ我が子への想いをたくした人たちがいた。その思いを感じて、ハハもじぃじもばぁばも、みんなが泣いていた。

えみるも小石を積んでいるのだろうか?

僕たちもえみるへの感謝を胸に、ひとりずつ小石を積んだ。そして、さっき買ったお地蔵様をその隣にそっとふみねが置いた。

山頂に近づく頃には、ばぁばの膝は限界を迎えてきた。それでも音を上げることもなく、一段一段しっかりと登った。ふみねも汗だくで首に巻いたタオルで何度も顔を拭《ぬぐ》いながら、クマさんを、えみるをしっかりと背負ったまま登っていた。今、みんなはそれぞれ何を思い登っているのだろう？「大聖院」の僧侶から伺った話が頭をよぎった。

「六年が過ぎ迎える七回忌は、仏教的にいうと六道、つまり迷いの世界から離れるときを意味しています。七回忌という区切りで、残された人も迷いから離れ前向きに、そして、えみるさんが残してくれたものは何だったのか、を再確認してください。えみるさんはご両親に、ありがとうのお気持ちで逝かれたんだと思います」

えみるに送った手紙

「やったぁーー！　えみる、ついたよぉーー！」

「弥山」山頂に着いたとき、ふみねはえみるのクマさんを高々と掲げ、まわりの景色を全部見せようとゆっくりと体を一回転させた。

ハハは息を切らしながらも泣いていた。でもそれは嬉しすぎる涙だった。「絶対にいる。えみるがいる。すごくわかる」そう言って笑顔をみせた。

「この眺めは最高だね。えみるが見せてくれたんだねぇ、きっと」

じぃじとばぁばは膝の痛みも忘れて、ただただ弥山からの眺めに感動していた。誰の心にも悲しみは全く湧いてこなかった。

みんながえみるの笑顔を感じていた。この六年間のえみるへの想いが、弥山からの景色を少し滲ませた。

僕はえみるへの手紙をポケットに入れていた。神様の場所ならば、きっとえみるに届くと信じて。

えみるへ
元気にしていますか？　天国で友達はできましたか？　寂しくないですか？

チチは正直、まだまだ寂しいです。

君と別れて六年の時が過ぎました。でもまだ、心のどこかで、いつも君を探しています。

今、えみるは、どこから、なにを見ていますか？

今日、チチはえみるが登りたがっていた弥山に登りました。

見えていますか？　どうですか、弥山からの眺めは？

家族はみんなげんきでやっています。本当は、みんな寂しいんだろうけど……。でも、大丈夫。

チチもハハもふみねも、じぃじもばぁばも、みんなそれぞれ、えみるを感じる方法を見つけたようです。

目の前を飛んでゆく蝶ちょとか、道ばたに咲いた小さな花とか、
雲の向こう側とか、虹の上とか、
それまでは当たり前と思って、気にも止めなかった景色が、今ではえみるからの小さな
プレゼントのように感じます。
当たり前の何でもない日々がどれほど幸せな時間だったのか。
愛する君がただそこにいてくれるだけで、どれほどありがたいことだったのか。
この六年で、えみるが教えてくれました。
チチはこれから、その思いを胸にがむしゃらに生きてみようと思います。
正直、負けそうな日もいっぱいあったけど、もう大丈夫。
だからえみる、安心してね。
君が教えてくれたことを大切に、君が一番愛していた妹ふみねを守って、育てて、笑顔
で満ちるように生きてゆきます。
そしていつの日か神様から許可が下りたら、チチは大好きなえみるに会いに行きます。
その日がくるまでは、一生を懸命に生きて、えみるへのお土産話をたくさん作ってゆこ
うと思っています。
だから心配しないで、えみるは天国で安らかにすごしてください。

いっぱい笑うんだよ。えみるには笑顔が一番似合うんだから。
また会おうね、えみる。楽しみにしてるよ。
その日が来るまで、元気でね。
全部。全部。
とにかく、僕らのもとへ生まれてくれて、本当にありがとう。

チチ

ふみねの憂うつ

ふみねにとって、月曜日は勇気の日だ。日曜の夜からちょっと不安な顔を見せる。過保護だと言われるかもしれないけれど、僕らは十三歳になるふみねをまだ一人では出歩かせないようにしている。ふみねまで事故や不慮のことに遭わせてはいけないと強く思うからだ。だから家族はできるだけ離れないで一緒に行動できるときはなるべく一緒に、という思いで行動している。身の安全を守ることには確かに過敏になっている。

特に事故のあと四、五年の間は、少しでも姿が見えなくなると不安で、神経質になるほどネガティブな場面ばかり考えてしまい苦しかった。

あの恐ろしさや、突然家族がいなくなる怖さはどうしても拭い去ることができない。今でもそれは大きく心の中に残っている。

えみるのときは、一人目で僕らも子育ての経験がなかったので、将来、えみるが困らないように、何でも自分のことは自分でできるように育ててやろう、という意識が強かった。だから比較的、親が傍にいなくても大丈夫というような「かわいい子には旅をさせよ」的な育て方をしていた。

けれど、事故以来、僕らの考え方は変わった。とにかく手をかけられるうちは、最大限傍にいて手をかけていこうと思うようになったのだ。ふみねに嫌がられないうちはなるべく一緒にいて、サポートしてやれることはなんでもしてあげたいと思った。

普通は、小学生になったら黄色の帽子を被せて、一人で学校に行かせるのかもしれない。それが子どもが自立するためのファーストステップだと思う方も多いだろう。実際、えみるのときは僕らもそう考えていた。でも、登校中、家を出てわずか二、三分の場所でえみるを失って……。

ふみねがインターナショナルスクールに通うようになって知ったのだが、アメリカやヨーロッパ圏の人たちは、日本の小学生が子どもだけで通学している様子に驚くそうだ。向こうでは子どもを一人で外出させることなどありえない。銃社会だという背景もあるのだろうが、たとえばアメリカだと十三歳まで、一人で留守番をさせるだけでも何かあったら親は逮捕されると聞く。車の中に子どもを残して買い物するなど、もってのほかだ。じゃあそれで、向こうの子どもたちが自立していないかと言えばどうだろう。

僕の知り合いのロサンゼルスの子どもたちは、常に親が傍にいるが、自主的に休日にレモネードを作って庭で売ったり、お隣の芝刈りのアルバイトをしたりしている。もちろん少額のお駄賃程度なのだろうが、それでもコミュニティーの中でしっかり自立しているように思える。

ここは日本だけど、僕らはふみねが中学生になった今でも通学時、子どもを一人にすることはない。近所のスーパーに行くときも、休日に習い事や友だちと遊びに行くときでさえ、一人にさせない。何度も言うが、えみるは離れてからたったの二分、三分でいなくなってしまった。だから、目を離すのがまだ正直怖いのだ。

ふみねも、学校にいる間、家族と離れるのは少々緊張するらしい。その緊張がピークに達するのが、月曜日の朝だ。土日にずっと家族と一緒にいられたのに、離れないといけない時間がくる。月曜日に家に帰ってくるとちゃんとチチとハハがいて、ほっとする。火曜日は月曜日よりも慣れて、水曜日。木曜日、金曜日には不安は無くなっている。そこにまた土日を挟むとずっと家族と一緒が当たり前になって……。日曜の夜になるとふみねは、「学校は大好きなんだけど……。明日は学校に行きたくないいな……」と言う。

どうしても月曜日は勇気がいるようだ。「これは私の月曜病」自分に何か起こったらどうしようというよりも、「離れている間に何かあったらどうしよう……」という気持ちが大きくなってしまうらしい。「うまく言葉では言えない。胸がキューとなる。怖い」そんなことを言う。

こんなことを言うと、変わった父親だと思われるかもしれない。でも、僕はふみねの月曜病が悪いとは思わない。今はまだ引きずったままでいいじゃないか。大きな荷物を抱えて全力疾走したところで、あっという間に走れなくなってしまう。そこでへばって動けなくなってしまったら、周りからどんなに「頑張れ！　頑張れ！」と励まされても、もう走れない。頑張らないことと、怠《なま》けることとは違う。頑張れないときは立ち止まればいい。笑えないときは泣けばいい。怖いときは素直に震えればいい。

「頑張れ」というのは本当にありがたい言葉で、意味も気持ちもよくわかる。でも、今では僕ら家族の間では「頑張らなくていいよ」というのが合言葉となった。

それは決して諦めろ、手を抜けということではなく、逆に人生を諦めないためには、頑張らなくていいときもあるということだ。

立ち止まったほうがいいときは立ち止まり、ゆっくりとぼとぼ歩くべきときはペースを落とせばいい。そういう意味では、僕らは九年が過ぎた今でもゆっくりと歩み続けている。だけど、人生では何が起こるかわからない。ふみねとともに家族でまた全力疾走しなければいけない日もくるだろう。

えみるの事故のことも、父と母の介護のことも、こころの障害のことも、どちらかと言えば辛い出来事だったけれども、でも逆に、そのことによって気づかせてもらったことがたくさんあった。「家族」が太く濃く**「家族」**になった。

変わった家族だと誰に言われたって大いに結構！　この世にそんな**「家族」**が一組くらいあったって、いいだろう。

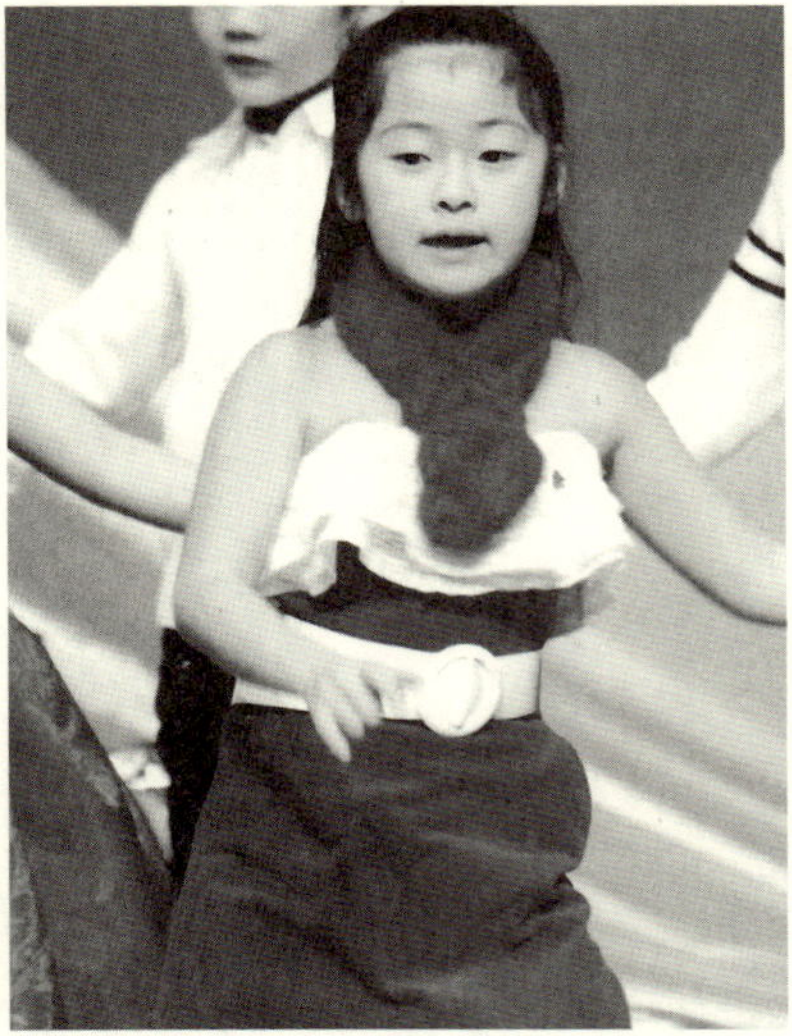

ふみねは小さな頃からダンスが大好きだ。踊るふみねにえみるが重なって見える。

第７章
えみるの奇跡

姉としての証

ふみねは、えみるの歳を超えたが、今でもえみるはずっとお姉ちゃんとしてふみねの心にいる。妹思いの姉で、とても可愛がっていたから、自分の身体のほうがえみるより大きくなっていても、今でも「スーパーねぇね」として見ている。これもなんだか不思議だ。「えみるより大きくなって、どう?」って聞いたら、「うーん、わかんない」って言うが、日々、ふみねが、無事に一日過ごせるのも、えみるが見守ってくれてるからって心から思ってるみたいだ。

えみるの部屋は、今は、ふみねの部屋になっているが、僕らは何も手を加えず、えみるがいたときのままだ。でも、ふみねが、自分で変えたいところは、自由に変えさせている。

えみるが使っていた教科書もノートとかも、勉強道具は、そのまま取ってある。使いたい鉛筆は、「えみる、使うよ！」って一声掛けて、どこに掛けているのかわからないけど、そうして使っている。

だけど、特別な思いがあるみたいで、自分が使っているえみるの部屋には、ほかの子は親友であっても入れない。入っていいのは家族だけ。もともと自分の部屋だったほうは、友だちが来たら、ガンガンぐちゃぐちゃにして遊んでいる。また、えみるが使っていた勉強机は、ふみねがそのまま使っている。机の上のえみるが大好きだったマイケル・ジャクソンの写真は、今でも同じ所に飾られている。ドアノブにかけられた「えみるのお部屋」在室中の札もそのままだ。いくつか変えた所もあるけれど、基本的には、えみるがいたときと同じままで使う方がふみねも落ち着くようだ。

一度、友だちがわからず部屋に入ったら、あわてて「入らないで！」「触らないで！」とお願いしていた。「えみるの部屋」には特別な思いがあるのだろう。

あとは、えみるのベッド、事故に遭う前の日、寝てたベッドは、そのままにしている。ふみねも、これは、ねえねの寝るところだから、といっていじることもない。

そこにふみねは寝ない。今、ベッドには、えみるが好きだったぬいぐるみとか、えみるが着てた洋服だとか、制服だとかが畳んで置かれている。そこだけは、ふみねも、特に強く感じるものが今でもあるのだろう。「これは、ねぇねが最後にねんねしてたところだから」と言って手は出さない。

ひょっとしたら、ねぇねのベッドはふみねにとっての聖域なのかもしれない。


ふみねは、えみるの身長を超えるまで、えみるが選んで買ったものの、一度も袖を通すことのなかった洋服を全部着て楽しんだ。

その洋服は、えみるが「チチ、ハハ、これがいい」と自分で決めて買ったお気に入りのものばかりだった。

えみるが事故に遭う前のお正月、妻の実家近くの「シマムラ」で栃木のじぃじにせがんで買ってもらったものもたくさんあった。

そんな洋服たちを、ふみねは「ねぇね」が選んでくれたといって喜んで着ていた。

えみるが机の引き出しに残したお気に入りの鉛筆なども、全部ふみねが喜んで使っていた。

少しでもねぇねを感じられるものをふみねは愛した。

うちのマネージャーが「えみるちゃんに」と毎月持ってきてくれる少女漫画もそうだ。それはえみるが生前愛読していた月刊誌で、マネージャーは今でも欠かさず毎月渡してくれる。

僕がそれをふみねに渡すと、「えみるの好きだった漫画、今月も来たよ」と仏壇に供える。

そして下げた先月号をふみねが読む。そんなことも九年間変わらず続いている。

昔のまま、変わらない部分があるからこそ逆に前を向けるということだって多々ある。すべてをリセットするのではなくて、えみるがいた頃のまま続いていることがあっても、それはそれで心地良い。

えみるとの思い出や、その思い出の品に触れることによって心が晴れて、暗くならずにいられることも多い。それが僕たちの気持ちを和ませ、生きていくことを手助けしてくれる。

過去の日々と現実を切り替えて生きる、ということは言葉では簡単だが、僕らには到底無理だし、そうする必要もないと思っている。

えみるの面影とか思い出というものは決して消えないし、ずっと持ち続け傍に置いておくほうが、思い切って引きずるものは引きずった方がかえって強く生きられることだってある。

東北大震災でお子さんを亡くされた何人かのお母さんからお手紙をいただいた。一人のお母さんがお手紙にこう綴っていらした。

「一年経っても諦めることができず、まだ子どもを探しています。周りから一年も経つのだから『諦めなさい』と言われるのですが、どうしても諦めきれません」

僕には正解はわからないし、間違ったことを言っているかもしれないが、「納得いくまで続けられたらどうでしょうか、きっと僕も同じことをすると思います。状況は違いますが、僕も心のどこかで今も娘を探しています」

というようなことを返事で書いたのを憶えている。

えみるの魔法の粉

妻はえみるを産んだときは一人目ということもあって、自立できる子に育てようという思いが強く、何でも一人でできるよう教育した。それにはもちろん僕も賛成だった。

ところが、今は全く逆で、とにかく手をかけられるうちは、うんとかけてゆこうと、常にふみねの傍にいる。他の親御さんからするとやりすぎと思われるかもしれないが、ふみねも嫌がらず受け入れてくれるので、手がかけられることにはできるだけ関わっていきたいと願っている。

えみるはうちからあまりにも近い一五〇メートル二〇〇メートルもないところで人生を終わらせた。

ふみねには近所のコンビニへも一人で行かせない。必ずどちらかが付いて行く。学校の送り迎えもずっとやってきた。

やり過ぎと言われようと、僕と妻は、今ある命を全力で守りたい。

妻がふみねの成長について言う。

「小さい時はいつもえみるの後についていれば安心で、なんでもお姉ちゃんが助けてくれた。全部がうまくいっていたのに、突然えみるがいなくなって、すべて自分でやらなければいけなくなった。そこからふみねは変わってきた」

えみるのときは、「もっと勉強しろ！　もっと頑張れ、頑張れ！」とお尻を叩いてやらせてきた。妻は事故で病院に運ばれたときも「頑張れ、頑張れ」と言い続けた。これ以上頑張りようがないのに、なぜ、あんなことを言ってしまったのだろう、と妻は落ち込んだ。そして失った後、「ああ、あの子にとても理不尽なことをしてしまった」と後悔し、えみるへの申し訳なさで心が張り裂けそうになった。

だから、妻は小さいながら、悲しみを受け止めようとしているふみねに、「人生、頑張らなきゃいけないときと、頑張らなくてもいいときがある」と教えた。

頑張りすぎて心が限界を越えて、逆に生きることを諦めてしまっては、元も子もなくなる。いつか、ふみねにも全力疾走をしなくてはいけない時が来るだろう。その日のために、今はまだゆっくりと歩けばいい。

妻はふみねにえみるを見るという。

「私も、ふみねが何かしているのをぼーっと見ているとき、あ、今、えみるだと思って見ていたっていうことがよくある」と。でも、だからといって、決して「えみるはもういないんだ」って悲しくはならない。逆に、「えみるが、そう思っていいよって、一瞬魔法の粉をふっとかけたんだ」ってそう感じるとすごく幸せな気分になる。一瞬だけど、自分のなかで、えみるに会えたような気がして心がやすらぐ。そして、目の前にふみねがいてくれる奇跡を感じるのだと。ありがとう、ふみね、そしてえみる。

ふみねは、今ダンスに夢中で、踊っているときは、すごく満足した顔をしている。ただ、ふみねはえみると違って何につけ慎重な性格で、こちらが見てて「ああ、めんどくさい」と思うくらい慎重だ。でも、これはもう仕方ない。えみるのことがあったから余計慎重にならざるを得ないのだろう。

「慎重すぎるよ」と言うと、ふみねは、

「しょうがないでしょう。考えるタイプなんだから」

と逆に僕らをたしなめる。

当然のことだが、僕たちはふみねを何よりも愛している。ダンスの舞台に立つ姿も、日々の「ただいまー」の声も、思春期が来て反抗するようになったことすら愛おしい。どんな変化も成長も、えみるのときは経験できなかった。だからすべてが新鮮でありがたい。ちいさなとき、辛い思いをさせてしまった分、ふみねにはこれからの人生で喜びをたくさん感じてもらいたい。きみに「不運」はもういらない。大丈夫、そんなものは、次こそチチが命を懸けて引き受ける。

僕たち夫婦だけだったら暗闇でもがいていただろう

えみるがいてくれればそれに越したことはないのだけれども、その、いなくなったえみるがいろいろなことを教えてくれたおかげで、それまでは重荷や不満にしか感じられなかったことをポジティブに考えられるようになった。えみるに起きた事故のこと以外は、親父の介護のことも、すごく前向きに捉えることができるようになった。えみるが後押ししてくれた大きな一歩だった。人生の考え方も大きく変わった。ただやっぱり今も、えみるに起きた事故のことだけは、どうしたってポジティブに捉えることなんてできない。今でも毎日考えてしまう。

〈えみるが最期に見た景色は、一体どんな景色だったのだろう〉

それを想像すると、体が震えるほど怖くなる。

これだけはもう、死ぬまで続くのだろう。

ため息をつくと「そんなこと考えたって、幸せにはなれないよ」ってえみるに叱られそうだが。

きっと僕ら夫婦だけだったら、暗闇の時間がもっともっと長く続き、もがき苦しんでいたと思う。だから、ふみねがこころが、そしてトートとよつばも、そういったかけがえのない命たちそれぞれが、僕ら夫婦の心を支え、前を向かせてくれたことに感謝している。

認知症で一昨年の十二月に七十六歳で逝った父の存在も大きかった。

えみるが亡くなって妻と二人、何も手がつかないというときに、認知症の父がいた。父のために動かざるを得なかった。すべてが辛く思えて、人生を投げ出してしまいたかったときも、ふっと父のことを思うと体が動いた。えみるが亡くなって七年経った後に父は旅立った。

「よし、もうそろそろいいだろう。こいつら、もう俺がいなくても、動けるようになった」そう感じて、えみるとおふくろのいる天国へ行ったんじゃないかと思う。

急速に記憶を失くしていくことは、父にとってものすごい恐怖だっただろう。父は記憶を失くした後も、十一年も生きた。そんな状態のなか、僕は、「おやじは、生きていて、楽しみってあるのかな?」とか、「本当に生きていたいって思っているのかな」と、すごく考えさせられることが多かった。生きていて辛いんじゃないかなと思えるような状態で、希望がある生活でもないし、後半は、ほとんどもう寝たきりだった。

「おやじの人生ってなんだったんだろう」ってすごく考えてた時期があったが、その時、妻がかけてくれたのは「父さんはえみるを失った私たちの悲しみをまぎらわすために、頑張ってたんじゃないかな?」という言葉だった。「ほら、お前ら、わしはまだ、生きとるぞー、悲しんでないで、面倒見ろーって」そんな気がすると妻は言った。

どんな人生にも意味があるという。妻の言うとおりだったら、父の人生の最後は、僕たちのための人生だったのかもしれない。

孫やおふくろに早く会いたいのを我慢して、僕たちのために、寝たきりでも生きていてくれたんじゃないのかな。

天国でえみるとおふくろに囲まれて、うまそうにすき焼きを食べる父の顔が浮かぶ。

「親父、お疲れ様。いろいろとありがとうございました」

今も、えみるは不思議と夢に出てくれない。出てこない代わりに、いつもどこか近くにいてくれて、ときどきふっと後ろに立って背中を押してくれているような気がする。それは妻もそうだし、次女のふみねもそうだと言う。妻のところにも、僕のところにもいれば、ふみねのところにもいるような気がする。

でもいちばん気になるのは妹のふみねのことだろう。ホームビデオにも、後ろからふみねのことを抱きしめるえみるの姿がたくさん残っている。すごく可愛がっていたから、やっぱりえみるはふみねのことを一番心配しているのではないかと思う。

妻のなかでも、一番の使命はやはり、ふみねのことだ。ふみねを育て上げるっていうことが、妻のこれからの人生の大半を占めているように感じる。子どもを育てるのは、決して容易なことではないが、えみるの分までふみねに対しては積極的に関わりを持つようになった。えみるのときは、学校の父兄会にもそんなに顔を出すタイプではなかったけれど、今はふみねの学校で役員までしているようだ。

えみるで関わることのできなかった十一歳からをふみねにはとことん関わっていこうと決めたのだろう。そんな変身したハハを僕も全力で応援するつもりだ。

未来

えみるの事故は僕ら家族だけでなく、周りの人々にも影響を与えた。

一つの事故で、たくさんの人が大きくて長い悲しみを抱えてしまうものだ。えみるの同級生達、親友だった女の子は悲しみのあまり、一時は拒食症になってしまった。

担任の先生も学校の校長先生も、ご近所のおじいちゃん、おばあちゃんも、突然のことでみんなが大きなショックに包まれた。

えみるが事故に遭った横断歩道の近くで暮らしていらっしゃったおじいさんは植木が大好きだった。しかし「この植木が横断歩道を渡る子どもたちをさえぎってはいけない」と、大きく立派に育っていた植木の枝を全部切ってしまった。ＰＴＡのあるお母さんは、その後、えみるが事故に遭ったその横断歩道をいつもきれいにしてくださった。

僕も、子どもたちが登校する時間帯の通学路に旗を持って立たせていただいた。そのとき、スクールゾーン内にある自動販売機に缶を補充しようと某飲料メーカーのトラックがやってきた。運転手の青年は「今は子どもたちが行く時間だから」と、スクールゾーンの外にトラックを停めて、長い距離、缶の入ったケースをひとつひとつ運んで補充していた。何度も往復する姿を見ていると思わず涙が溢れた。

悲しみに遭ったとき、傷が癒えたら、心に開いてしまった穴が塞がったら、そうすればまた頑張れるだろうと、おそらく誰もがそう思うだろう。だけど、いつまで経っても傷は癒えないし穴は塞がらない。

〈あ、これはもう一生塞がらないんだ……〉

ということに気づくまで、僕は、本当に長い時間がかかった。

いつかはすべてを受け止めなければならないと思っていたけれど、受け止められないものは、そのまま置いておけばいいのかもしれない。すべてを完璧に消化することなんて不可能だ。

一生穴が開いたままなんだというのは、絶望と同じではない。穴が開いたままでも、そこから新たな芽を出すことだってできる。

それがわかれば、次の一歩を踏み出せる。その傷が消えることを期待していたら先には進めない。

現在は閉鎖してしまったが、僕のブログにも「私も子どもを亡くしました」というご遺族からの書き込みをずいぶんといただいた。先に紹介したように東日本大震災後にも、お子さんを亡くされた親御さんからお手紙をいただいた。身をそがれるような辛い経験を思い出し、文字にするというのはさぞ苦しかったのではないかと思う。しかし、あえて心の傷と向き合って、それを言葉にするという苦しみが、一歩前に進むための力になってくれるのかもしれないと感じた。

確かに、時間が癒してくれる傷もあるだろう。転んですりむいてしまったとか、骨を折ってしまったとか、そういった類いの身にできた傷は、時間が経てば元の状態に戻れる。失恋した後に、運命の人に出会って結ばれることができたならば、失恋で負った胸の傷も癒される。

でも、大切な家族を事故で失ってしまったり、戦争や災害、暴力……、理不尽なことで突然奪われてしまった命の傷というのは、なかなか時間だけでは癒されない。そこには、納得しきれないような思いがずっと残る。でも、笑える日も必ずやってくる。そう信じている。

えみるの事故をきっかけに、将来僕らが入るお墓を建てた。でも、まだえみるもこころもそのお墓には入ってなく、遺骨はうちに置いてある。一時は、広島の父やトートの遺骨もあった。

うちに遊びに来た親友からはいつも言われる。

「おまえのうち、骨壺ばかりだな」

「一人ずつ紹介しようか」

気づけばそんなふうに返せるようになっていた。

時間はかかったが、心に開いたこの穴はもう一生塞がらないということに気づいて、逆に少し楽になった。

「ああ、もういいや。穴が開いたままでもいい。前に進んでいこう」と思えた。

えみるに起こったことはこれ以上ないくらい辛く苦しいものだった。でも逆に、今まで苦しいと感じていたことは、えみるのことと比べると何でもないことのように思えて悩むこともなくなった。

当たり前だと見過ごしてしまうような小さな出来事も、偶然が必然だと思えるようになった。すべてが天国からのメッセージで、それはえみるだけじゃなくて、こころ、僕の両親、義理の弟「パパ」……。向こうで待っていてくれる大勢の命が、僕らが一生懸命生きることを応援してくれている。

僕らがどこかに出かけたとき、天気がよければえみるのおかげだと感謝し、雨が上がって虹が出れば「えみるがいるよ」のサインだねと笑顔になれる。渋滞に巻き込まれたら巻き込まれたで「焦るなってことなんだよ」とイライラしないでいられる。すべては「偶然ではないんだよ」と受け止められるようになった。

えみるの事故の後は、出会う人も、偶然出会ったのではなく、出会うべくして出会っているんだと思えるようになった。そう考えると、苦しい時にもふっと肩の力を抜けるようになった。

東京に出て来たばかりのとき、デビューするずっと前に出会った哀川翔さんは、あの日、鍋いっぱいの豚汁を差し入れてくれた。

「あいつなにも食ってねぇだろ。いや食えねぇだろ。汁物ならなんとか喉通るかもな」

豚汁からのぼる湯気の温かさが心にしみた。あの味は生涯忘れることはないだろう。

事故の直後、絶望しか感じていなかったとき、舞台を通して、僕のみならず家族みんなの心に灯をともしてくださった萩本欽一さんとの出会いも。えみるの一周忌のとき、まだまだ悲しみから抜け出せないでいた僕ら家族を励ますために、突然、その会場へ来てくださった渡瀬恒彦さんとの出会いも。そのときは気づいていなくても、今の僕たちにとっては必然の出会いだったのだと感じている。

思えば事故から二年目、地方で交通安全についての講演会に呼ばれた時のこと。同じ舞台で講話をするある御遺族の方とお話をさせていただいたのも必然だったように思う。そのご夫婦は、事故から十年という時間を経験されていた。

「お嬢さんを亡くされてどのくらいの時間が経ちますか？」

「一年とちょっとになります」

「そうですか」と一つうなずくと旦那さんが続けた。

「どんなにあがいたって、頑張ったってね、悲しみから抜けるには五年や六年はかかりますよ。いや、もっとかな？　だから、無理せずに、長ーく構えていないと、ムリムリ」

その言葉どおりだった。その意味がどんどん実感としてわかるようになってきた。

あの時、奥さんに向かって、いたって普通の会話をするように、

「なぁ、うちでもやっぱりそれくらいかかったよなぁ」なんておっしゃっている姿が、とても印象的だった。そういう時間を取り戻している家族がいるということ、もちろん、心の中に残っている強い思いはあるだろうが、そのご夫婦が普通でいるように見えたということが、〈自分たちにもいつかそんな日が来てくれるだろう〉という希望のように思えたのだ。

僕が出版や講演することに対して、「芸能人だから……」と思われるかもしれない。確かにそのとおりだと思う。けれど、それは愛別離苦《あいべつりく》を経験してしまった僕の役目だとも感じている。それを知らなかった頃には戻れないのだから、僕はありのままの悲しみと同時に、希望も伝えていかなければならないと思っている。それが自分の役目だと思えたなら、辛い作業であっても、引き受けなくてはならない。あの日、講演に来られていたご夫婦に希望を垣間見せていただいたように、今度は僕たちが見せなければと思っている。

きっとまた会える

ときどき妻とも話す。もしも、僕に介護が必要になったときのことや、僕がこの世からいなくなったときのこと。

平均寿命が延び、少子化が進んでいる現代は、高齢化社会から超高齢化社会へと向かっている。父の認知症のことがあって、「自分は平気」「自分の親は平気」という根拠のない自信が、どれほど人生の最後を狂わせてしまうか、介護する側の後悔につながってしまうか、ということを体感した。

だから今から準備をしておいて、その準備が無駄になったらそれはそれですごくラッキーなことだと思えばいい。実際に何か起こってから準備をするのは、思っている以上に大変なことだから。

そして、もし僕が亡くなったら……。泣きたいだけ泣いてもらって構わない。僕はそれを見て「しっかりしろ、頑張れ！」なんて言わない、むしろそんなに悲しんでくれて嬉しいと思うだろう。でもひとつだけ覚えていて欲しいことがある。

えみるやこころに会いに行ったんだなということを。

そうすれば、僕がこの世からいなくなっても、家族はまた前向きに進んでいけるはず。ふいに寂しさに襲われても、「今えみるやこころと一緒なんだな、今も幸せなんだろうな」と思えば笑顔もこぼれるだろう。

きっとまた会える。そう思うことで、僕にとって「死」は終わりではなくなった。

だから、その日のために、えみるへの土産話をたくさん用意してやらなければ。その時まで、えみるが頑張ったように生き抜かなくては。時とともに変わっていくもの、時が経っても変わらないものとともに。

前でも述べたが、越えることのできないことが、世の中にはけっこうたくさんある。悲しい時は、たくさん泣いていい。無理して悲しみを越えようなんて思わなくていい。越えなくたって生きていける。そのままでも、価値観が変わると人生捨てたもんじゃないと思えるようになる。えみるのことがあって、目の前にいるふみねのことを愛しく思う回数は確実に増えた。大好きなダンスをしている姿、日常の何気ない光景、当たり前のような毎日、ただ目の前にいてくれるだけで、僕にとってかけがえのない幸せを与えてくれる。

僕らは、この世で起こりえない特別なできごとを奇跡と呼びたがる。でも、本当の奇跡とは、日々の小さな偶然の積み重ねなのではないかと思う。えみるが買った「天カス」だってまぎれもなく奇跡のひとつだ。そのときは些細で何でもないようなことに思えても、それがいつの日か大事なものに変わる。あの日スーパーで「何で買うの？」と思った「天カス」は、九年後、僕らに笑顔を届けてくれた。

〈えみる。天カス、ナイスチョイスだぞ！〉

「今からでも幸せになれるよ」振り返るとえみるはいつでもそんなメッセージを送ってくれていた。目には見えなくなってしまったけど、あるときは蝶々かもしれない、雲かもしれない、虹かもしれない。姿を変えて、いろんなところにえみるはいて、僕らに小さな奇跡を起こしてくれる。そして、僕が下を向いてふさぎこんだり、転んで道を見失いかけたときは、ふみねの存在が灯火のようになって進むべき道を教えてくれる。そして、共に生きたたくさんのいのちが天国から僕らの希望を見守っている。

だから僕らは負けない。奇跡と希望、両方を手に、僕たちは絶対幸せになると。

ハハと作った詩が再びえみると重なる。見えるのは十歳の笑顔いっぱいのえみるだ。

あの曲がり角から　走ってくる君を
両手いっぱい広げて　抱きしめるのが　好きだった
キラキラ　輝く　瞳も——
少し日に焼けた肌も——
くしゃくしゃの笑顔も——
全部　全部　好きだった

ある日　突然　遠くへ行ってしまった　君

一人で寂しくはないですか
何か困った事はないですか

笑っていますか
知りたい事　心配な事は　星の数ほどあるけれど
一番　聞きたい事……
僕の涙が　君のじゃまを
していませんか

お風呂あがりの　濡れた髪をふき
なかなか　おしゃべりの止まらない君に
おやすみのＫｉｓｓをするのが　好きだった

太陽の様な明るさも――
雑草の様な強さも――
海のような深い愛も――
全部　全部　誇らしかった

いつも他人《ひと》の心配ばかりしていた　君

がんばりすぎてはいませんか
何か悩んでないですか
元気でいますか

知りたい事　心配な事は星の数ほどあるけれど
一番聞きたい事……

幸せですか？　そして
幸せでしたか？

あたりまえの日々……
ただ　そこに居てくれるという事……
何が大切かって　君が教えてくれたから――

何度も何度も　後ろを振り返るより
転んでも転んでも前を向いて歩いた方が
かっこいいよって　君が教えてくれたから――

君の愛した小さな小さな妹は
君のいない　大きな大きなすき間を　うめようと
必死で　元気に　笑っています

見てくれていますか？
　　そっとそばで――

がんばらないと笑えない時――
がんばっても笑えない時――
泣いたっていいって事
君が教えてくれたから

どれだけ　悲しみの中でもがき続けても——
どれだけ時間《とき》がたったとしても
〝永遠に思い出は飛ばされない〟って事
君が教えてくれたから

君の愛した　小さな小さな妹は
君のいない大きな大きなすき間をうめようと
必死で負けずに笑っています

抱きしめてくれますか?
　あの日のように——

えみるとふみね。無償の愛と無限の希望！

終章
希望の信号

九年の歳月で得た喜び

交通事故死をゼロにしようというと、そんなことは無理だろう、と言われる。

昨年の交通事故死者は四一一七人、二〇〇〇年以来十五年ぶりに増加してワースト記録を作った。

でも、当たり前だが交通事故死を願う人なんてこの世にはいない。事故が起きていない瞬間だって確かに存在しているだろう。その瞬間が、一秒でも、二秒でも長く続けられたら。そしてその時間を持続させることができたなら……。

確かにこれだけ狭い国に一億人以上暮らしていて、車もたくさん走っている。事故が起こってしまうのは確率としては仕方がないことなのかもしれない。けれども、「事故」はあっても「事故死」をゼロにするというのは、いろいろな方面からの取り組みが実っていけば、一〇〇パーセント不可能というわけでもないと思う。


えみるが二十歳を迎えた数日後。

警察の方がお二人で我が家を訪ねて来た。

「えみるさんの事故現場の横断歩道のことで、直接お話をさせていただきたくてやって来ました」

警視庁と玉川署の交通課の方たちだった。

僕はお二人に「言っていただければ、こちらから警察の方へお伺いしたのに……」と答えた。するとお二人とも「いえいえ、どうしても直接ご報告したかったもので」

僕とハハはお二人を家に招き入れた。

「実はこの度、あの横断歩道のシステムが変更されることが決定いたしまして」

「変更といいますと……?」

「はい、ご存知と思いますが、歩車分離式信号というのがありまして、近日中にその信号に変更になります」

もうお一人が丁寧にそのシステムのことを説明してくれた。

「歩車分離式になりますと、あの横断歩道を歩行者が青信号で渡っている間、車両側の信号はすべて赤になります。ですから今後は、歩行者が渡っている間は直進はもちろん、右折してくる車も左折してくる車もなくなります」

つまりこれからは、えみるが事故に遭ったあの横断歩道で、えみるのように右折して来た車と歩行者が接触することはゼロになるということだ。その後、歩車分離式のメリットとデメリット両方をきちんと説明したうえで、

「以前、風見さんもおっしゃっていたように、有効な場所や子どもたちの通学路などには増やしていければと思っております」

とおっしゃった。

そしてフッと仏壇に目をやり、

「もう九年ですか……、二十歳になられたんですよね。時間がかかってしまいましたが、どうにかえみるさんが二十歳のときに間に合った……。お線香、よろしいでしょうか？」

もしかしたら、「どうしても直接ご報告したかった」というのは、「えみるへ、直接報告したかった」という意味だったのかもしれない。その方は少しの間、えみるの遺影を見つめていた。

お二人が帰られた後、ハハは声をあげて喜んだ。

仏壇に向かって、

「やったね！　えみる、すごいよ！　信号、変わるんだって！」

ハハは嬉しくて少し泣いていた。

「えみる、もうあそこで事故、起こらないね」

えみるの通っていた小学校の方たちからも強い要望が出ていたのだと聞いた。「この後すぐ、校長先生にもご報告ができます」とおっしゃっていた。

町のみなさんの働きかけで信号が変わった。システムの上では、もうあの場所で子どもが犠牲になることはない。あの日あの場所で、ボロボロにちぎれてしまったえみるのランドセルを警察博物館「交通安全展」で展示したことがあった。壊れてしまったえみるの赤いランドセルも九年経って、少し役に立ったのかもしれない。

ゆっくりと、つぎの一歩、また一歩、人生まだまだ捨てたもんじゃない。咲き誇るさくらのとんねるでまた会える、その日まで。

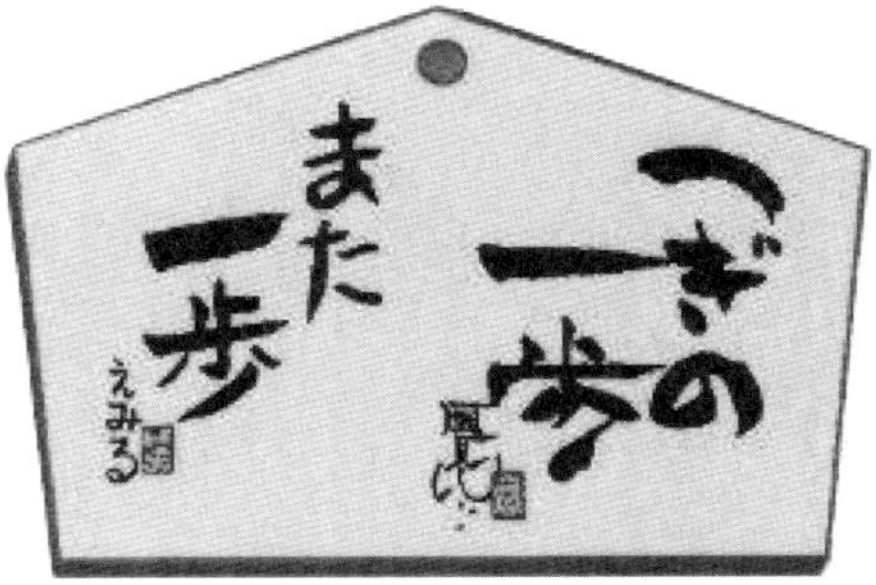

えみると一緒に書いた絵馬。
「つぎの一歩」そして「また一歩」
この言葉が、ハハとふみね、
僕の背中を押してくれる——。

風見しんご（かざみ・しんご）

1962年、広島県生まれ。18歳のとき、萩本欽一氏に見いだされて、芸能界へ入る。ドラマやバラエティー番組、映画、舞台などで活躍。『僕、笑っちゃいます』『涙のテイク・ア・チャンス』などのヒット曲をもつ。1994年、歌手・荒井晶子と結婚。二女をもうける。2007年1月17日、長女・えみるちゃん（享年10歳）を通学途中の交通事故で亡くした。2008年1月、亡き長女との恩愛の記『えみるの赤いランドセル』（小社刊）を上梓。命の大切さについて講演活動を各地で続けている。

さくらのとんねる

二十歳のえみる

二〇一六年四月二十一日　第一刷発行

著　者　風見しんご

編集人
発行人　阿蘇品 蔵

発行所　株式会社 青志社
〒一〇七-〇〇五二　東京都港区赤坂六-二-十四　レオ赤坂ビル四階
（編集・営業）
TEL：〇三-五五七四-八五一一　FAX：〇三-五五七四-八五一二
http://www.seishisha.co.jp/

印刷
製本　株式会社ダイトー

ISBN 978-4-86590-025-5 C0095